让财报说人话

老板财务必修课

白兰 著

人民东方出版传媒
People's Oriental Publishing & Media

東方出版社
The Oriental Press

前　言

　　中小民营企业主需要这本书。著名经济学家孙冶方说："所有从事经济管理的人都应该学好会计。"会计是商业活动的通用语言，通过会计语言，或者说通过统一格式和含义的不同数据报表，我们可以了解不同企业、不同行业、不同区域的经营活动情况并进行比较分析。在日益激烈的商业竞争中，一个不懂会计的经营者不可能经营好一家企业。

　　会计语言是从事商业活动的思维工具，无论从事什么职业，只要参与商业活动，人人都应该拥有财务思维。但是直接跳过会计基础理论讲财务思维——就像市场上很多写给企业老板们看的财务思维书一样——这样并不利于真正培养初学者的财务思维。老板们普遍缺乏会计的底层逻辑知识，即使道听途说了很多道理，对会计的认识仍然是浮于表面的、抽象的、糊涂的，要想补上底层逻辑缺失的会计基础，就需要去学习会计基础原理。市场上关于会计知识方面的书籍汗牛充栋，但会计语言太过专业、抽象和深奥——翻开书本，每个字都认识，组合起来却读不懂它的意思，初学者很难看懂，或者当时看懂了，也很容易忘记，不能牢固掌握。本书使用了大量浅显易懂的例子讲

1

解会计的基础逻辑，对于中小企业主来说更容易理解和掌握会计原理。

其次，这也是一本写给有志于成为企业管理重要参与者的会计从业者的书。财务管理是企业管理的重要组成部分，会计人员一定要有老板视角，要学会站在经营的角度去看待财务工作。任正非先生曾说过："优秀的CFO（首席财务官）是能随时接替CEO职位的人。"真正优秀的CFO，应该深度参与企业的治理结构、股权设计、资金管控、财务体系建设、避税节税、业务规划和执行推动等，他是CEO的最佳伙伴，甚至能在恰当的时机出任CEO。有太多财务工作出身的人员转型为企业的CEO，这样的例子不胜枚举。可以这样说，优秀的企业操盘手一定是精于财务管理的。但若只是关注账务处理，是不可能成为一名CEO的。

在我从事财务咨询工作的实践中，接触了很多会计从业者，对中小民营企业的财务人员这个群体有一定的了解。有一些从业者，会计基本账务处理能力不错，但却不懂得站在经营者或者老板的视角去看待会计工作，很多工作只是为了做而做，他们沉迷于自己部门或自己职责范围内的既定工作，不去了解生产、了解业务、了解老板的需求，苦劳很高，但工作成果却不能让人满意，自己也永远无法突破职业瓶颈；还有一些会计从业者，连账务核算的基础技能都不具备；很多大中专院校会计专业毕业的学生，在学校学习时连会计专用的工具实物都没有见过，再加上没有工作经验，工作后相当长的一段时间内都在学习基本的会计账务实务处理，无法形成系统性的财务思维，更无法把财务思维与实务工作相结合，使企业的财务管理水平得到有效提升。本书除讲授基础的会计原理之外，还结合了大量实际业务，扩展了一些财务思维，对于会计实务从业者来说，可以在一定程度上提升他们的财务思维与管理水平。

最后，它还是写给企业中高层管理人员的一本会计书。作为企业的经营管理者，也需要了解一些财务方面的基础知识，读懂财务报表，拥有财务思维。企业生存靠销售，企业发展靠管理，而财务管理就是其中的一个重要手段。通常，中小企业的管理者更重视销售或生产业绩而忽略了财务方面的考量。财务思维的价值，在于帮助我们在工作决策中增加一个视角，多方位地去看待事物本身，避免盲人摸象，不识整体。无论从事什么商业活动，在决策时最好都能从财务的角度思考一下——因为任何管理或决策本身，最终都是为了利润的管理，实现利润最大化（财务管理中的股东价值最大化本书暂不探讨）。

本书大量采用问答形式，浅显易懂，用讲故事的方式，通过人物对话把会计基础理论的核心和基础实操表述出来，旨在用最浅显的语言和图表，揭示会计本身的内涵道理，让人人都能学得简单、学得快速。它融合了会计基础理论、基础实操、部分公司法和简单的会计思维，是一本适合中小企业创业者、企业中高层管理者、会计从业者、会计初学者学习的工具书。

为了便于理解，书中多运用口语化表达，有些讲述中并未使用标准的会计语言，可能不够严谨。对于有志于会计行业、想要在会计学上进一步探索、参加考证学习的读者，建议看完本书，对会计有了基本的了解之后，再去学习财政部会计资格评价中心编写的相关教材。

对于会计初学者，适合通读本书。

对于中小企业主和企业管理人员等非会计从业者，除第 21 讲、第 23 讲、第 24 讲、第 25 讲、第 27 讲的内容不必过多关注外，其他都适合学习。

白　兰

2023 年 6 月 7 日 星期三

目　录

目录

第 一 章

老板应掌握的会计基本知识

第1讲 会计工作的重点：做好利润管理和风险管理

一、会计的定义

标准化定义：会计是以货币为主要计量单位，运用专门的方法，对企业、机关单位或其他经济组织的资金及其运动状态进行核算和监督的一项经济管理工作。

简化定义：会计就是一项工作。

问题1：什么工作？

答：经济管理工作。

问题2：这项工作怎么做？

答：运用货币计量，使用专门的方法（本书要讲的正是这些专门的方法）。

问题3：对谁展开工作？

答：对资金及其运动状态——资金是会计的工作对象。

问题4：用什么方式对资金运动展开工作？

答：核算和监督。

二、会计定义中的重点内容

重点 1：它以货币为主要计量单位，而不是唯一计量单位，因为还有其他辅助计量单位，如数量或工作量。

很多人认为会计工作就是记录钱、管理钱的。这很正确，但并不完整。

【例 1-1】某网红餐厅由于周末时客人数量剧增、服务人员不足，决定在周末招聘临时工。定出的薪资标准为：每小时 20 元，中午 2 小时，晚上 4 小时，合计 6 小时的工作时间。小美是一名勤工俭学的大学生，她决定周末外出打工，贴补自己的生活费用。2023 年 7 月，小美每周末都去网红餐厅打工，总共工作了 8 天。

请问：小美 7 月会得到多少报酬？

计算方法很简单：6×8＝48（小时）

$$48×20＝960（元）$$

对于网红餐厅来说，2023 年 7 月需要支付的临时工工资是多少？当然也是 960 元。

在这里，960 元是货币，是主要计量单位；而工作时间 48 小时是工作量，是辅助计量单位，不统计工作量就无法计算出

960 元的薪资。

【例1-2】美洋洋公司是销售茅台酒的公司。2023 年 7 月初，其仓库里剩余 10 件酒，每件酒的进货价为 10000 元，仓库里酒的总价值是 100000 元。2023 年 7 月，美洋洋公司共购进 20 件酒，进货价为 10000 元/件；共售出 18 件酒，售价为 15000 元/件。

请问：

1. 2023 年 7 月末，美洋洋公司仓库里还剩多少件酒？价值多少？

2. 2023 年 7 月，美洋洋公司卖酒实现多少销售额？赚了多少钱？

解答问题 1：7 月末，仓库里剩余的酒数量
$$=10+20-18=12（件）$$

7 月末，仓库里剩余酒的价值
$$=12×10000=120000（元）$$

解答问题 2：酒的销售额 $=18×15000=270000$（元）

对应的销售成本 $=18×10000=180000$（元）

销售酒的利润 $=270000-180000=90000$（元）

本例中，酒的售价 270000 元、成本价 180000 元、仓库中剩余酒的价值 120000 元等，这些都是货币计量；售出 18 件，月初

余10件，月末余12件，这些都是辅助的数量计量。

由此看出，货币计量的实物财产必须有数量作为基础，没有数量就无法计算出金额。所以，会计不仅要记录金额，还要监督管理实物数量，没有数量的正确，就没有金额的正确。

重点2：会计的工作对象——资金及其运动状态。

很多人习惯性地认为：会计是记账的。但实际上，会计记的并不是"账"，账本只是一个工具或者载体，会计记录的对象是资金，以及资金在使用过程中不同的变化形态。账本是资金变化过程的结果呈现。

在第3讲的内容中，我们将详细讨论资金的运动。

重点3：会计的职能或作用——核算和监督。

所谓核算，就是用会计的专门方法，进行写写算算、加加减减、拆分合并、归类汇总，计算出结果。本书后续内容将着重介绍这些会计的专门方法，这里我们先看一下会计是如何起到监督作用的。

监督可以分为监督的内容和监督的时间。

1. 监督的内容有：经济业务是否真实发生；是否合理；是否合法合规；是否符合企业的既定标准和流程。

2. 监督的时间有：

事前监督——制定各种费用标准、各种财务制度、不同事项的工作或审批流程，防患于未然；

事中监督——业务开展过程中进行比对纠偏；

事后监督——审核检查，修订或补充制度，亡羊补牢。

其中，事中监督的内容举例如下：

①这笔钱该不该花？如果该花，那是不是应该花这么多钱？符不符合公司的制度规定？

②这批货该不该卖？卖了亏不亏钱？如果亏钱为什么还要卖？卖了钱什么时候能收回货款？如果该卖，那是不是应该按这个售价？是不是应该采用这样的出货流程？

③这台设备该不该买？或者租更合适？如果该买，买几台？销售方给不给开发票？开几个税点的发票？该向哪个供货商买？该以哪种方式买？——融资租赁购买、一次性付款购买，还是抵押其他资产进行贷款，融得资金后再购买？

…………

【例1-3】蓝天公司的销售人员贾虚去出差，公司所在地在北京，出差目的地是天津。交通方式为自驾车。出差时间2天，住宿1晚。出差返程后，至财务处报销。其中：报销高速过路费500元，加油费1000元，住宿费1000元，共计2500元。

请问：蓝天公司的会计人员能否报销这笔差旅费？

分析：会计是要起到监督作用的。

首先，要核实这笔经济业务的真实性。

请问，从北京到天津，高速过路费到底是多少？加油费到底是多少？会计一核实，过路费往返100元，加油费往返300元。那么，贾虚报销的过路费和加油费是不真实的，肯定不可以报销。

至于住宿费，经会计人员核实，贾虚住了 5 星级酒店的客房，每晚收费 1000 元，这笔住宿费确定是真实发生了。那真实的就可以报销了吗？不一定，我们还要审核合规性，比如公司制度是怎么规定的。经查，按照蓝天公司的《差旅费报销制度》中的规定，普通员工出差至一线城市的，住宿费标准为"不高于 400 元/晚，超出部分由员工个人承担"。所以，贾虚的住宿费最多只能报销 400 元。

【例 1-4】大地公司接到一笔订单，绿叶公司要向其采购一批货物，总金额 50 万元，要求先发货，货款 2 个月以后再支付。销售人员把产品销货出库单拿去请会计人员签字确认发货时，会计人员拒签，不允许销售。

为什么？

因为经会计人员查实，绿叶公司累计已经拖欠大地公司货款 80 多万元，欠款最长时限已达半年。按照公司《客户授信管理制度》的要求：欠款额达 50 万以上、欠款时间超过合同结算时间的，一律暂停发货，由财务部和销售部共同对欠款催收；催收后 1 个月仍收不回货款的，将下发律师函催收；催收后 3 个月内仍收不回货款的，将向人民法院起诉催收。

所以，本批货物不能再销售给绿叶公司，再销售货物货款有可能收不回来，成为坏账，给公司造成损失——这就是会计的事中监督。而制定授信制度就是事前监督，向人民法院起诉就是事后监督。

好的会计应该做到两条管理：一条为利润管理，一条为风险管理。让利润更大，让风险更低，这就是会计监督管理的目的。

三、四大会计假设

1. 会计主体假设，即空间假设

任何会计业务都有个前提，即处理的是"谁"的经济业务，做的是"谁"的账。

比如小明是一个集团公司的总账会计，现在要求他把下属所有分子公司的账务情况都纳入报表中体现出来，那么集团公司就是上述的"谁"，即会计主体，报表数据必须涵盖所有分子公司的经济业务。

如果小明是其中一个子公司——销售公司的会计，要求他把单一公司的财务情况纳入一个报表中体现出来，那么单一子公司就是上述的会计主体，财务处理仅涵盖该子公司的经济业务。

如果小明是销售子公司销售 2 部的会计，要求他把属于销售 2 部产生的各项收入费用在一个报表中体现出来，那么销售 2 部就是上述的会计主体，报表数据仅涵盖该部门的经济成果与财务状况。

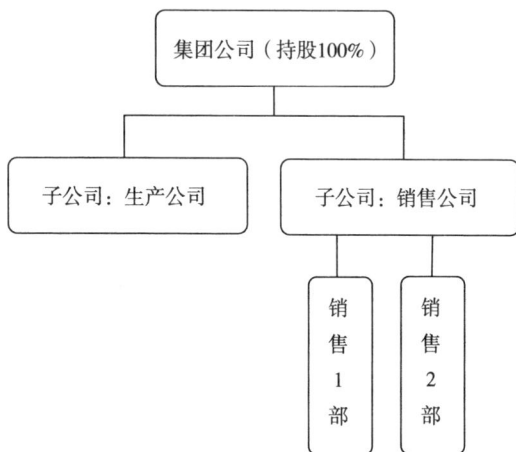

图1-1　会计主体假设，即空间假设示意图

2. 持续经营假设，即时间假设

会计采用权责发生制记账有一个前提，即企业不会破产不会清算不会关停，假定它会一直持续经营下去，这样企业才能够进行既定的会计核算，比如对购买的资产按照正常的流程进行摊销、折旧等。

企业购买一辆奔驰车100万元，供总经理使用，奔驰车预计使用10年，企业按照10年计算折旧费用，这里就是假定该企业在10年内不会破产，会持续经营下去，所以才能够按照10年来计算该汽车的折旧。

究竟当下的会计期间应该承担多少折旧费？或承担多少装修费的摊销？或承担多少坏账损失？这些金额是按照会计准则的规定和会计人员的判断来确定的，没有办法绝对准确地计量，而据此计算出来的企业利润也就没有绝对的准确了，所以有时候，会计就是个"估计"。

3. 会计分期假设

通俗来说，就是人为地把资金运动分为各个月份或年份。资金运动实际上是不会停止的，为了按期计算利润和财产状况，需要人为地把会计工作进行分期核算。一般有四种分期，分别是按年、按半年、按季度、按月。有了会计分期，才会有当期费用和下期费用的区别，才会有应收账款和预收账款的差异。

4. 货币计量假设

就是以货币来体现资产的价值。以货币为主要测量尺度，资产取得时没有付出货币的，或无法以货币计量的，则无法纳入财务报表。

如可口可乐有最牛的品牌、华为有自己优秀的运营团队、大疆无人机有最优秀的技术，这些都是有价值的，但如果取得时没有付出货币，就无法进行货币计量，从而也无法将它们作为企业的资产计入财务报表。由此也可以看出，会计是有其局限性的，所以在判断一家企业的价值时，有时更应该关注表外资产和表外负债——它们蕴藏了企业潜在的隐性收益或亏损。

四、会计的八个基本原则

会计有八个基本原则，分别是可靠性、相关性、可理解性、可比性、实质重于形式、重要性、谨慎性、及时性。

1. 可靠性

要求企业应当以实际发生的交易或者事项为依据进行确认、计量和报告，如实反映符合确认和计量要求的各项会计要素及其他相关信息，保证会计信息真实可靠、内容完整。

2. 相关性

要求企业提供的会计信息应当与投资者等财务报告使用者的经济决策需要相关，有助于投资者等财务报告使用者对企业过去、现在或未来的情况作出评价或者预测。

3. 可理解性

要求企业提供的会计信息应当清晰明了，便于投资者、管理者等财务报告使用者理解和使用。

会计人员出具报表都是按照会计准则的统一名称、统一格式出具的，这便于不了解企业情况的人能够读懂会计报表。

但对于企业内部管理层来说，因为会计语言太难懂，所以即便会计人员提供了"完美"的财务报表，他们依然看不懂，这就要求会计人员在给非专业人员提供报表时多说"人类语言"，而非专业的会计语言。会计人员可以对报表进行翻译，比如"应收账款"叫作"客户的欠款"，"应付账款"叫作"欠供应商货款"；"实收资本"叫作"投资本金"等。

另外一种方法是开展培训，会计人员要善于讲、敢于讲，把深奥的会计原理讲给相关人员听。企业相关人员懂了，才能够降低沟通成本，提升决策效率。

4. 可比性

（1）纵向可比：同一企业不同时期发生的相同或者相似的

交易或者事项，前后应当采用一致的会计政策，不得随意变更。

小黑："什么叫一致的会计政策？"

小白："比如说固定资产折旧方法，今年用平均年限法，第二年用双倍余额递减法，第三年改为工作量法，这就叫随意改变会计政策。它会造成折旧费用忽高忽低，当然利润也随之忽高忽低，不利于进行数据比较。"

（2）横向可比：不同企业同一会计期间发生的相同或者相似的交易或者事项，应当采用统一规定的会计政策，确保会计信息口径一致、相互可比，以使不同企业按照一致的确认、计量和报告要求提供相关会计信息。

5. 实质重于形式

会计记账时要探究经济业务的实质，而不是看表面形式去记录。比如企业固定资产售后回租，其实就是一种融资的形式，而非真正的租赁。

6. 重要性

要求企业提供的会计信息应当反映与企业财务状况、经营成果和现金流量有关的所有重要交易或者事项。重要性有"金额重要"和"性质重要"两方面。

（1）金额的重要性

比如某些低值易耗品跟固定资产一样，可以用得很久，但是因为价值低，不重要，所以会计处理时会一次性计入当期的费用，因为它是否按期折旧对利润影响不大。再比如企业一次性支付了当年度的网络使用费 720 元，按照受益期来讲，跨度是一年，每月应摊销 60 元，但因为总金额比较小，所以一次性计入交纳月份的费用对当期的利润影响不大。

（2）性质的重要性

有些支出金额不算特别重大，但性质很重要，需要在财务报表附注中加以说明。

7. 谨慎性

要求企业对交易或者事项进行会计确认、计量和报告时保持应有的谨慎，不应高估资产或者收益、低估负债或者费用。也就是说，会计在计量利润时要保守。

8. 及时性

要求企业对于已经发生的交易或者事项，应当及时进行确认和记录，不得提前或者延后。出具财务报表也应及时，否则财务数据指导经营决策的效果会大打折扣。

在我的实际咨询工作中，很多企业的会计工作做不到及时性。3 月份到了，1 月份还没有结账，财务报表滞后一两个月，甚至更长时间的都有，这严重违反了财务及时性原则的要求。究其原因，更多时候是财务人员没有重视会计及时性原则的要求，或者没有掌握有效的工作方法，分不清事情的轻重缓急，理不顺工作流程造成工作效率低下等。

第2讲 会计应站在管理者的角度提供财务报表

一、会计的六个基本特征

1. 会计是一种经济管理活动，它参与经济管理的全过程。

2. 会计是一种经济信息系统，它能够并且应当提供管理决策所需要的相关数据信息。

3. 会计以货币为主要计量单位，以数量为辅助计量单位。

4. 会计具有核算和监督两大基本职能。

5. 会计需要采用一系列专门的方法。

（会计方法一般包括会计核算方法、会计分析方法、会计检查方法。在本书中，我们主要学习会计核算方法。）

6. 会计的工作成果以财务报表的形式呈现。

二、会计目标

会计目标也称会计目的，即为什么要做会计工作，完成这项工作想要实现什么？

会计目标是向财务报告使用者提供企业拥有的财产金额及其分布状况、资金来源（欠债情况、股东投资额及累积盈利）、销售额和利润情况、现金累积增加额或减少额的详细情况，而这些详细情况是通过财务报表来体现的。了解这些会计信息的目的，是判断企业管理层在接受股东委托后，把企业管理得到底是好还是坏，有助于财务报表使用者做出下一步经济决策。

会计目标三问：

（1）问：会计为谁服务？

答：股东、职业经理人、政府、银行、投资人。

（2）问：被服务者需要什么信息？

答：财产及欠债状况、盈利状况、现金流情况。

（3）问：以什么形式提供服务？

答：提供财务报表。

要了解会计目标，还需要了解其主体和客体需求两部分。主体分为"谁是会计信息的使用者"和"谁是会计信息的提供者"两个方面；客体主要明确"会计信息的使用者需要什么样的会计信息"这一问题。

有些企业会计信息的使用者和提供者是同一人（或同一团队），所有权与经营权为一体，股东既是投资者，也是具体的经营管理者。股东了解了自己企业的经营状况和财务状况，就会依据实际现状对比计划目标，调整新的目标或制定改善措施。

　　还有的企业会计信息的使用者和提供者不是同一人（或同一团队），股东并不亲自参与企业的经营管理，而是由职业经理人团队来管理企业，比如上市企业的很多中小投资者持有上市公司的股票，但作为股东，实际上并不参与企业的经营管理。小股东因无法参与企业管理，只能通过查看会计报表来决定是否选择"用脚投票"——是抛售股票，还是继续持有。

　　政府作为会计信息的使用者，需要对社会经济进行监督管理、经济统计、税收征管等。

　　债权人使用会计信息，主要是为了评估偿债能力和财务风险，以决定是否借款给企业。

　　会计信息的使用者有很多，通常情况下，外部的使用者（如市场监督管理局、统计局、税务局、债权人等）更关注企业的整体经营成果（如盈亏总额）、资产欠债情况、能源消耗情况、就业贡献情况等，而内部的使用者（如股东、管理层等）除了关注企业整体的经营成果，还会关注企业经营的细节成果。比如税务局会根据企业的盈亏总额征收企业所得税，但对于企业来说，还要分析企业的盈亏是如何形成的：企业生产三种产品，那么到底哪种产品是亏损的，哪种产品是盈利的呢？企业有100位客户，那么哪位客户贡献的销售额更高，哪位客户贡献的毛利更高呢？企业有三个销售团队，哪个销售团队的业绩更好，回款率更高，人效比更高呢？

　　会计人员更应该站在管理者的角度去提供财务报表，因为它是财务工作成果的汇总，是企业经营业绩的反映，而且它的作用只有一个——提供决策依据。因此，除了标准的三大报表，会计人员还需要出具什么报表、报表包含哪些信息、报表什么时候提供，不同的企业有不同的管理需求，没有统一的模板和标准，这就需要管理者和财务人员共同对企业的决策依据进行分析，提供更为准确和细化的会计信息。

第3讲 会计记账实际是记录资金的 运动状态

一、会计的工作对象

会计的定义中说明了会计的工作对象，即资金及其运动状态。通常我们讲的"记账"工作，指的就是核算会计对资金及其运动状态加以记录的工作。

那究竟什么叫作"资金及其运动状态"呢？请看下面的例子。

【例1-5】2023年1月，小白和小黑两个人计划合伙创业，但每人的累积资金有限，本钱只有1元钱。做什么生意好呢？两人畅想一番，本钱少，就只能做点儿小生意——买生鸡蛋，煮成茶叶蛋后卖掉；赚到钱再去买鸡蛋、卖鸡蛋……于是，两人一拍即合，一人1元，先凑了2元钱，每人占股比例为50%，存入双方指定的银行卡内，作为买卖鸡蛋生意的出资本金，用于鸡蛋生意的周转。

两人进行了业务分工。因为小白上大学时读的是会计专业，所以由小白担任会计，负责记账，同时兼做仓库管理、内部行政事务管理。小黑则主要负责采购和销售，即寻找供货商、采购鸡蛋和销售鸡蛋。

第一步，"鸡蛋生意"集中了两人的投资款。作为会计，小白要进行记录：账面上有 2 元，这笔钱的来源是投资人小黑和小白（表 1-1）。

表 1-1　关于资金的账务记录

资金流水账本

日期	内容摘要	金额增加 （元）	金额减少 （元）	余额 （元）
1 月 1 日	收到小白、小黑的投资款	2	0	2

第二步，小黑用 2 元钱买了 2 个鸡蛋回来。此时，钱花出去没有了，变成了 2 个鸡蛋。作为会计，小白要对资金的运动状态进行记录：钱没了，换成了仓库里的 2 个鸡蛋。

所以，会计不仅要记录关于钱（"货币"）的账，还要记录关于鸡蛋（"货物"）的账。如表 1-2 和表 1-3 所示。

表 1-2　关于资金的连续记录

资金流水账本

日期	内容摘要	金额增加 （元）	金额减少 （元）	余额 （元）
1 月 1 日	收到小白、小黑的投资款	2	0	2
1 月 2 日	购买鸡蛋 2 个×1 元	0	2	0

表 1-3 库存鸡蛋的账务记录

日期	内容摘要	数量增加（元）	金额增加（元）	数量减少（元）	金额减少（元）	数量结余（元）	余额结余（元）
1月2日	购买鸡蛋	2	2	0	0	2	2

第三步，鸡蛋煮熟之后，由小黑去幼儿园门口售卖。

小黑高声叫卖："鸡蛋鸡蛋，好吃的鸡蛋，2元一个！"

这时，来了一位顾客，他是小黑的邻居。邻居送孩子去幼儿园，因为没来得及吃早饭，所以刚好把两个鸡蛋买下来给孩子吃。鸡蛋吃完了，该付钱了，邻居发现自己竟然忘了带钱包，没办法付款。

邻居尴尬地说："下次见面再给你，行吗？"

小黑只好说："行啊，没关系！"

小黑回来后，小白兴冲冲地问他："怎么样，鸡蛋卖完了吗？卖了多少钱？"

小黑回答："卖完了，卖了4元。"

小白高兴地说："太好了，生意刚开张就赚了2元！"

请问：2元的利润是怎么计算出来的？

如表1-4所示，小白是这样计算出来的：

表1-4 "鸡蛋生意"盈利计算表

项目	金额（元）
卖鸡蛋的营业额	4
买鸡蛋的成本	2
利润	2

小白说："呀，我只顾着计算利润了，还没记账呢！鸡蛋卖掉就没有了，我得把鸡蛋的账给减掉（表1-5）！"

表1-5 库存鸡蛋的账务记录

日期	内容摘要	数量增加（元）	金额增加（元）	数量减少（元）	金额减少（元）	数量结余（元）	金额结余（元）
1月2日	购买鸡蛋	2	2	0	0	2	2
1月4日	销售鸡蛋	0	0	2	2	0	0

小白对小黑说："快，把4元钱拿出来，我们再去购进几个鸡蛋，再拿去卖，我们俩很快就会发财了！"

小黑哭丧着脸说："卖是卖了，可现在没有钱，客户欠着呢！"

小黑把情况一说，小白也沮丧了："唉，眼瞅着赚钱了，可根本没见到钱。现在可好，别说利润，连本钱都没有了！"

小黑又转头安慰小白说："没关系的，客户是我邻居，肯定会还钱的。"

是啊，如果客户欠你的钱收不回来，那么不只是赚到的利润拿不回来，连购货的本金都得搭进去。所以，把货卖出去很重要，但货卖出去后把钱收回来更重要。

一周后，小黑的邻居终于想起来还欠他4元，把钱送到了小黑家。钱收到了，小白赶忙记了账（表1-6）。

表1-6　资金流水账本

日期	内容摘要	金额增加（元）	金额减少（元）	余额（元）
1月1日	收到小白、小黑的投资款	2	0	2
1月2日	购买鸡蛋2个×1元	0	2	0
1月11日	收回邻居欠的鸡蛋货款	4	0	4

由表1-7可以看出，相同的账，要在同一个表格里记录。

表1-7　应收款——邻居张××欠款明细台账

日期	内容摘要	金额增加（元）	金额减少（元）	余额（元）
1月2日	欠鸡蛋货款	4	0	4
1月11日	收回欠款	0	4	0

2023年1月31日，会计小白牢记会计目标——向企业的管理者提供资产状况及盈利情况，判断生意经营的成果如何，从而做出经济决策——把"鸡蛋生意"的资产状况列表如下：

表 1-8 "鸡蛋生意"资产状况表

项目	金额（元）	项目	金额（元）
钱	4	投资本金	2
货物	0	利润	2
顾客欠款	0		
合计	4	合计	4

各项资产都有什么？
总资产有多少？
分布在哪里？

这些资产从哪来的？
各个不同的来源渠道分别有
多少？

解释表 1-8 如下：

截至 2023 年 1 月 31 日，"鸡蛋生意"的所有资产仅为银行卡里的余额 4 元，没有其他资产。那么，这 4 元来自哪里呢？其中，有 2 元是小白、小黑的投资款，还有 2 元是他们 1 月份做鸡蛋买卖赚到的利润。

二、资金及其运动状态的循环

从小白、小黑的生意中可以看出，即使一个生意项目的投资仅有 2 元，为了计算它的销售额和利润，也需要单独给它记个账。在会计实务中，要确定"会计主体"作为记账的前提，即会计人员记录的是哪家企业（或公司）或者哪个生意的账？不同的会计主体，需要分不同的账本来记录。

图 1-2 形象地描绘了资金及其运动的过程。

图 1-2 资金及其运动的过程①

邻居的欠款收回后，小白和小黑又有了信心，他们决定加大投资，拿收回的钱再去买鸡蛋、煮鸡蛋、卖鸡蛋，或者也可以这样说：花钱买材料、加工货物、卖货赚钱；再投资花钱买材料、加工货物、卖货赚钱……做生意就是个循环，而会计因为要记录生意的每一笔收支，所以其工作也是一个循环，周而复始，永无休止，直至企业消亡。

这个循环，就是资金运动状态的循环（图 1-3）。

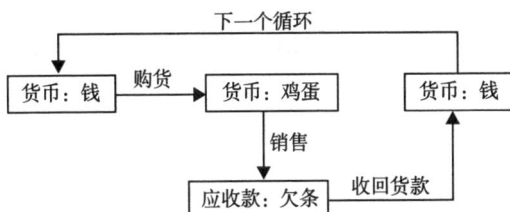

图 1-3 资金及其运动过程②

会计人员做的循环工作都有哪些呢？

（1）1 月 1 日，老板投资了 2 元，这时候会计要记账。记什么？记公司银行账户上多了 2 元，还需要记这 2 元是老板从家里拿来作为投资款的，所以老板投资本金的账增加了 2 元。

（2）1 月 2 日，把钱花出去买了鸡蛋。会计要记录：资金账少了 2 元，剩余 0 元；鸡蛋账多了 2 个，并且金额是 2 元。

（3）1 月 3 日，鸡蛋卖了出去，鸡蛋少了，但没收到钱。会计要记录：鸡蛋账少了 2 个，减少价值 2 元；销售额多了 4 元，但没收到钱，所以资金并没有增多。现在是客户欠我方货款，所以要记录：客户欠款，即应收款多了 4 元。

（4）1 月 10 日，见到邻居，要回了货款。钱多了，客户欠款没了。会计要记录：资金账本里的钱多了 4 元，应收款账本少了 4 元，现在应收款余额为 0 元，保险柜里的钱多出了 4 元。

三、会计的工作成果

厨师是一个职业，人称"王大厨""张大厨"；

老师是一个职业，人称"王老师""张老师"；

会计除了指会计工作，还可以指一个职业，人称"王会计""张会计"。

每一种职业都要做一些特定的工作，并且要做出一些成果。

厨师炒菜，成果是"美味的菜肴"；

老师教书，成果是"学生掌握了知识"；

会计记录资金的运动状态，成果是"会计报表"。

记录资金及其运动状态，这是会计的日常工作内容。

做出企业的财务报表，这是会计工作的工作成果。

第4讲 企业最需要"业财融合型"的会计

一、核算会计与管理会计

在大多数非财务专业的人看来,会计就是记账的,会计员就是记账员。但实际上,会计的工作远不止于此,记账、报税、管钱、出具财务报表,这些都是最基础最简单的核算会计工作中的一部分。

根据工作侧重点的不同,会计可以分为核算会计和管理会计两大类。

1. 核算会计

核算会计负责把企业过去已经发生了的数据进行客观的记录、统计、归类汇总,给决策者呈现一个本来已经确定的结果。如果没有核算会计的统计汇总工作,我们就不清楚这个客观上已经存在的结果究竟是什么样子。就像一个人的身高和体重,它本来就是那么高,那么重,只是以前我们没有测量,不知道真实的数据是多少。有了体重秤和量尺这些工具,经过测量,我们知道了体重80kg,身高170cm。但身高不会因测量而增长,体重也不会因测量而下降。这个"测量"的工作就是核算会计要做的工作。核算会计做过这个"测量"工作之后，企业收入额①不会增加或减少，利润也不会转亏为盈或由盈转亏。

核算会计做的是"记账"工作，即"记录资金及其运动状态"。核算会计的工作范畴的重点在于"记录过去"，考虑更多的是已经发生的显性成本。它强调会计信息的准确性，即数据统计要真实、完整、客观，尽力呈现企业经营现状的本来面貌。

2. 管理会计

管理会计的工作重点是分析过去的数据、控制好现在的经营过程、策划或调整未来的经营管理方向。它的重点在于"向前看"，考虑更多的是未来；它更多地面向企业内部的管理需求，不仅考虑过去的历史成本，还考虑市场公允价值、机会成本和资金的时间价值；它更强调会计信息的相关性，即数据要对未来的分析起到关联作用。

比如，核算会计"测量"后，发现自己身高不够，体重却超标，健康状况不理想。那么要想有健康的身体，就必须进行改善。从哪里入手改善？改善的措施都有哪些？路径怎么设计？这些就是管理会计要做的工作。

在专业人士看来，只有管理会计才创造价值，核算会计是不创造价值的，因为它仅对数据进行统计和汇总，呈现结果，而不会改变结果。但不创造价值不代表这项工作没有价值、没

---

① 收入，全称叫作"营业收入"，是会计上的专有名词。收入额就是企业的销售额或者营业额，在计算它时，可以用企业商品的销售单价乘以销售数量，不扣除商品的采购成本或其他支出。

有意义。恰恰相反，好的核算账是管理会计的基础，没有好的会计核算账，企业的管理就没有数据支撑，无法看到现有的数据状况，无法判断企业管理的好坏（或者哪里好，哪里坏），也无法得知从哪里入手去落实具体的改善应对措施。

就像一个需要改变形体的人，他必须在用体重秤和身高尺测量之后，才知道身高距离自己的目标 180cm 还差 10cm，体重距离 75kg 的标准还多 20kg，才能去制定具体的措施和方法，从而增加身高、降低体重，达到健康帅气的目的。比如：分析身高不达标的原因是体内缺钙，从不喝牛奶，那么改善措施就是补钙，多喝牛奶，多晒太阳，多进行体能拉伸训练；分析体重超标的原因是常吃垃圾食品，喝碳酸饮料，熬夜打游戏，那么以后就要适当运动，正常作息，健康饮食……

了解过去、分析原因、确定目标、制订未来改善措施、筹措企业目标相匹配的财务资源……这些都是管理会计要做的工作：从核算会计的工作成果中看到现有的销售额、毛利率、费用率、负债、周转率、平均人效、销售薪酬与营业收入的比值等；对这些数据进行分析；对比目标或标杆企业，继而提升现有的管理手段与方式；得到相应数据指标的改善；通过这些指标的变化去检验企业经营的改善成果。

在会计工作实践中，有一定管理会计思维的核算会计，往往会从多方面入手，对企业的财务管理工作提出富有建设性的建议和规划方案。核算会计和管理会计的工作相互融合，有时界限并没有那么明显。

扩展知识 1　**历史成本、公允价值、机会成本、时间价值、沉没成本**

丰收公司从事仪器仪表的生产制造，生产厂地是租赁的。2018 年 12 月末，该公司有 1000 万元富余资金，面临两项投资计划。

1. 购买某新能源公司的股票，预计未来投资回报率可达 30%，即一年后，购买该股票能获利 300 万元。

2. 新增一台生产设备，该生产设备购进后，企业产能将得到有效提升，预计未来三年内能让企业销售额提升 4000 万元，利润新增 400 万元。

最终，丰收公司决定先用闲置资金购买新能源公司的股票。

后该股票上涨，但没有预期的涨幅大。2019 年末，该股票市场价涨至 1100 万元；2021 年 12 月，该股票市场价涨至 1200 万元。

历史成本：最初购买某项资产或承担某项负债的价格。2018 年 12 月购买股票的 1000 万元就是丰收公司股票投资的历史成本，也是会计账面记录的最初的资产价值。

公允价值：市场上大家公认的公平交易价格。公允价值是会随时间而变化的，比如 2019 年末股票价格上涨，如果此时交易，交易的公允价就是 1100 万元；2021 年末持续上涨，公允价就是 1200 万元。

机会成本：如果选择 A 方案而放弃 B 方案，那么 B 方案可能带来的收益（或好处）就是选择 A 方案的机会成本。所以，机会成本并不是实际支付了多少钱，而是放弃 B 方案可能失去的收益（或好处）。

比如，丰收公司用 1000 万元进行了股票投资而放弃了新增设备投资，其机会成本就是新增设备带来的未来三年内可能新增的 400 万元利润；但如果丰收公司用 1000 万元购买了生产设备，那么其进行的设备投资的机会成本就是股票上涨带来的 300 万元的收益。当然，在实际做选择时，机会成本往往只是一种预计，企业需要在不同的投资机会中进行考虑与专业判断，才能做出选择。

时间价值：因为有存款利率或投资回报率的因素，持有货币经历一段时间之后，价值会增加，即俗话说的"钱能生钱"。

例如：现在赚到的 100 万元和一年后赚到的 100 万元，哪一个价值更高呢？现在有 100 万元，假使没有其他更高收益的投资机会，我们仅是把钱存入银行，按一年定期存款利率 2.5% 计算，一年后，现在的 100 万元会增值到 102.5 万元，高于一年后才赚到的 100 万元；如果能够找到其他更高收益的投资机会，现在的 100 万元有可能在一年后变成 150 万元，甚至 200 万元、300 万元，其价值远远高于一年后到手的 100 万元。

由此可以看出，资金是有时间价值的（当然前提是要投资出去）。在衡量企业的各项投资计划、款项支出或收回时间、销售政策制定时，都需要考虑这个因素，让资金发挥更大的作用，带来更高的收益。

沉没成本：指以往已经支付过的，与当前决策无关的投资支出。我们把已经发生不可收回的支出（包括时间、金钱、精力等）称为"沉没成本"。

人们在决定是否去做一个选择的时候，往往不是看选择后对未来是否更有益处，而是看过去是否已经在这件事情上有过投入。关注过去会影响现在的决策，考虑过去已经花费的成本对现在做出正确决策是不利的。

假如丰收公司 2018 年 12 月购买股票后，股票价格没有按照预期上涨，反倒一路下滑，到 2019 年，该股票的市场公允价仅为 800 万元；丰收公司的经营状况也不佳，有一笔 600 万元的银行贷款即将到期，但因为公司资金流短缺，面临不能偿还债务的风险，丰收公司考虑出手该股票换取现金，偿还贷款，那么股票市场价格变动亏掉的 200 万元就属于沉没成本，在决策是否出售股票换取现金挽救企业时，不应该考虑过去的沉没成本，而更应该关注两个选择的机会成本：（1）出售股票换取现金是否能够挽救企业；（2）关注过去的 1000 万元投资成本，不愿意亏损 200

万元，从而继续持有股票等待涨回，但企业可能面临资金链断裂的危机。

关于沉没成本，有时不仅仅是金钱上的权衡，也可能是其他方面的比较，比如时间、情绪、健康等。

比如：你花 50 元网购了一袋不能退换货的苹果，到货后发现这个苹果特别难吃，还有很多是坏的。你是会扔掉它还是吃了它呢？如果你认为水果花了 50 元，扔了它很可惜，还是忍受着吃了它，那么它可能会影响你的健康，从而造成更大的损失。此时，50 元的沉没成本主宰了你的决策行为。

二、目前很多中小企业的财务现状

对于很多中小企业而言，会计管理最薄弱的地方，是核算会计没有发挥作用，连一个客观完整的"账"都没有，更别提上升到管理会计的高度了。"账"是一个企业的体重秤，能称出企业目前的各项经营状况和财务指标的现状。账务核算是会计管理的基础，没有账，没有报表，没有数据做支撑，去讲管理，无异于舍本逐末。

在我的咨询工作实践中，很多中小型民营企业因为各种原因——地处欠发达区域，优秀人才缺乏，不容易招聘到优秀的财务人员；企业利润不高，不愿意支付高工资吸引人才；企业老板不重视财务核算，认为随便找一个人管理资金即可；企业老板不会财务管理，担心外聘人员了解企业核心财务数据，宁肯用一个不太懂财务但是可靠的自己人等——造成了企业的财务核算工作基础差、没有账或者账簿设置不完整、财务管理混乱、数据不准确等问题。财务基础核算尚且是这样的现状，更不用提财务参与企业管理了。而没有好的财务管理，没有财务体系的建设，企业规模一旦达到一定程度，管理水平无法支撑经营规模，企业经营就会止步不前甚至倒退。

综合以上原因，很多中小企业要么没有设置专门的财务岗位，要么是设置了岗位，但仅有非专业的人员负责资金收付或简单的数据统计工作，根本称不上严格意义上的会计；而有"账"的企业，很多也是"糊涂账"、"资金流水账"和部分"应收应付往来账"；仓库管理更是一塌糊涂，材料收发采用的不是正推法，而是倒挤法①，没有成本核算标准，没有科学的内控流程，没有完善的财务制度。完整的财务报表是什么，很多老板见都没有见过，因为会计人员从来不提供。

如果问会计人员为什么不提供报表，大体会得到两种答案：一是老板看不懂，二是会计人员不会做。因为看不懂报表，没有财务思维，很多企业老板只关注销售额、利润额以及资金结余，对于其他财务数据则一概不予关注。久而久之，会计也就

---

① 倒挤法：如某企业上月初库存结余 10 个，本月购进 10 个，中间的领用发出不做管理，到月末盘点仓库里剩余 2 个，则可倒推出使用或销售了 18 个。至于仓库里少的 18 个是真的被使用了还是丢失或毁损了，则不做追究，从而造成材料的浪费，成本的增加。

不再提供报表了。而缺乏工作经验和工作技能的财务人员自己对会计的认识也是一知半解，财务核算工作做不好，也就更不会提供会计报表了。

如果把管理一家企业比作驾驶一辆汽车，财务报表及相应的财务指标分析就是仪表盘，它能够告诉我们企业这辆汽车可能存在的各项问题：该加油了、刹车有问题了、胎压不够了等，从而督促我们对车辆进行检修。遗憾的是，很多企业根本就没有这个仪表盘。

三、企业需要"业财融合型"的会计

企业要重视"业财融合型"的会计选手。业，就是业务；财，就是财务。要成为一名合格的或者高水平的财务人员，必须关注企业的业务，了解业务的开展流程，因为会计记录的是企业发生的经济业务，而采购、生产、销售、工资、税费等都是因经济业务而产生的。也可以这么说，会计记录的是企业整个业务开展的全过程。

会计人员要懂业务，不是说会计人员要会做销售，而是要了解本企业的业务开展的全过程。从资金的进入，到资金在企业内部的整个流转过程——从材料供应商的筛选，到材料的订单下达、入库、领用、加工过程；从本企业的产品类型，到它的生产工序和工艺；从产成品的完工，到它的入库，再到销售出库的过程管控；从产品的成本构成，到产品销售的定价；从销售客户的类型区分，到不同销售政策的制定；从具体财务制度的建设，到企业财务架构的搭建，再上升到股权架构的设计，资金流和业务流的规划；从业务流程的梳理甚至再造，到确定财务管控的重要节点；从盈利模式的设计，到税收成本的提前规划……这些都是会计人员参与企业管理的重要途径。可以说，不懂业务，就做不好会计；不懂业务的会计，不能跳出财务部门去看财务工作的会计，绝对不是一名合格的会计。

掌握了会计基础理论，通过了会计中级职称考试、税务师考试、注册会计师考试等，只能证明这个人拥有了一定的理论基础。有了理论后，更重要的是实践。唯有在实践中了解业务，在业务的规划与调整中灵活运用会计理论，进而加深对会计理论的理解，才能成为一名真正合格的会计从业人员。

四、我国的会计考试体系

目前我国的会计考试分为初级会计师、中级会计师、高级会计师职称考试，以及注册会计师资格考试和税务师考试。

初级会计师职称考试科目为两科，即初级会计实务和经济法基础，包括基础会计理论、法律基础知识、劳动法、票据结算法、简单税法等内容。

中级会计师职称考试科目为三科，即中级会计实务、经济法和财务管理，包括较高难度的会计理论、公司法、合伙企业法、合同法、证券法、税法以及财务管理、成本核算等内容，考试难度较高。

注册会计师资格考试科目为六科，即高级会计实务、经济法、财务成本管理、税法、审计、公司战略与风险管理，所考知识体系比起中级会计师来说更为全面和有深度，考试难度最高。

另外还有高级会计师职称考试科目为高级会计实务，它考评结合，相对比较容易取得，难度不算太高。

税务师考试主要考核会计与全面的税法知识，也有一定难度。

表1-9是会计类证书的相关考试内容，从表中可以看出所考知识体系的宽度和难度。

表1-9 会计类证书的考试内容和通过规则

相关会计证书	考试内容	通过规则
初级会计师	初级会计实务、经济法基础	一年内两科一次性通过为合格
中级会计师	中级会计实务、经济法、财务管理	两年内通过三科为合格
高级会计师	高级会计实务	考评结合
税务师	税法1、税法2、财务与会计、涉税服务相关法律、涉税服务实务	两年内通过全部考试为合格
注册会计师	高级会计实务、经济法、财务成本管理、税法、审计、公司战略与风险管理	五年内通过六科考试为合格

在了解我们国家的考试体系的基础上，企业可以根据自己的规模、工作难度、能够支付的薪资水平等因素，在招聘财务人员时，提供一个人才画像，为不同的财务岗位配备不同职称或工作经验的财务人员，提升企业的财务管理水平。

五、核算会计的主要工作内容

核算会计的主要工作如下：

1. 按财务制度的规定审核费用及支出的原始单据，完成企业费用的完整记录和分析控制；

2. 做好企业各项收入及成本的计量、确认、记录工作，汇总收入总额、各项费用总额并计算企业利润；

3. 记录各种应收客户欠款和应付欠供货商款项，保证应收款项或者应付债务的准确；

4. 负责固定资产的核算，及时与资产管理部门核对、盘点实物，计算折旧费；

5. 负责核对出纳的资金账，对资金进行定期监督盘点，确保资金安全；

6. 负责监督核对仓库管理的实物账，月末对库存货物进行实地盘点；

7. 负责计算税款、开具发票、按期纳税；

8. 提供产品成本核算数据并依据基础数据计算每种产品的成本、收益，以供决策；

9. 负责按要求及时出具财务报表。

第 二 章

财务管理和财务报表

第5讲 财务管理的重点：投资、筹资、运营、分配

一、管理的定义

标准化定义：管理是指一定组织中的管理者，通过实施计划、组织、领导、协调、控制等职能来协调他人活动，使他人同自己一起实现既定目标的活动过程。管理学是包括管理思想、管理原理、管理技能和具体方法的综合。

归纳起来：管理就是要统一思想、运用技能和方法、厘清各个业务流程、达到大家行动的一致性，以完成想要达成的既定目标。

也就是说，管理的核心是要达成既定目标。

管理的重点是：

1. 统一思想；
2. 运用技术和方法；
3. 厘清业务流程、协调组织内的各项工作。

根据以上要素，我们可以重新定义管理，即管理就是从人性出发、达到协调和分工协作的目的。其中，统一思想是首要的，要想做好财务管理工作，就要让企业里的人都清晰：为什么要这样做，这样做对企业有什么好处，对个人又有什么好处。在这个方面，企业文化的宣导、激励机制的推行、财务工作重要性原理的培训能起到重要作用。很多中小民营企业老板、高管口头上都认同"财务工作很重要"，但实际上并不知道财务工作为什么重要、重要的表现在哪里，以及日常工作中需要怎样配合财务部门的工作。由于不了解财务的工作原理，领导们对财务工作的支持往往只能停留在口头上，无法采取行之有效的行动。

其次，管理需要运用专门的技术和方法，所以要把专业的事情交给专业的人去做。不同专业的人才拥有不同的专业技术：做财务工作需要专业的财务人员；做人力资源管理需要专业的人力资源人才；做网络技术开发需要专业的 IT 技术人才。把合适的人放到合适的岗位上去，这些都毋庸赘言。而作为领导者，本身往往并非某专业领域的人才，他们最需要的是"使用他人能力"的能力——管理专业人才，让技术、资源、人才等为"我"所用。图 2-1 就是一个领导者需要具备的"专业能力"，我们也可以把它称为"领导力"。

企业目标达不成，原因有很多，如决策的失误、战术的失败、资金的不足、人才的缺失……而在执行层面，我们要探究的是"员工不愿意做，还是不知道怎么做"。

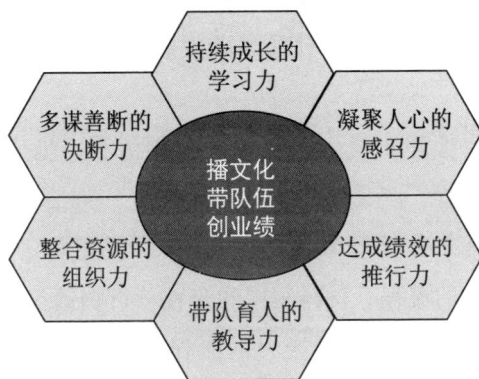

图2-1 领导者需要具备的"专业能力"

"愿不愿意做"是激励层面的问题,"会不会做"是技术层面的问题,"知不知道怎么做"是流程上的问题。如果员工愿意做而不会做,就需要培训与指导员工提升技能;如果员工不知道怎么做,那么企业管理者就需要厘清各个业务流程,形成标准和制度,让员工在工作时有流程可依、制度可守。

管理,重在理,理不清就管不住。重点理什么?理业务流程或者重建业务流程。那什么是业务流程呢?简单来说,流程就是工作的步骤和顺序。

对于人力资源管理来说,涉及招聘的流程、入职的流程、培训的流程、辞退的流程、晋升的流程……

对于行政管理来说,涉及请假的流程、开会的流程、出差申请的流程、公务用车的流程,甚至于接待来访客户的流程、接听服务电话的流程……

对于销售管理来说，涉及销售费用申请流程、返利支付流程、促销活动申请流程、礼品采购发放流程、经销商资格认定流程……

对于生产管理来说，涉及生产计划流程、生产工序流程、委外加工的流程、产成品缴库的流程……

对于会计工作管理来说，涉及收款的流程、付款的流程、材料采购入库的流程、材料领用的流程、货物销售收款的流程、固定资产采购（调拨或报废）的流程、费用报销审批的流程、预算编制的流程、合同备案审批的流程……

梳理各个业务流程、制定管控标准、形成管理制度、制定考核方法、确定奖罚措施，并且形成与之相配套的文档、表格、表单工具、协议等，这些都是管理的具体实施方法。

理清流程、形成制度固然重要，但也不能事无巨细，把企业所有的事项都书面化、制度化、流程化。我们仅需要把经常发生的、重要的、容易造成职责不清晰的事项规范起来即可以，因为流程建立、规范管理、绩效考核等都是以花费成本或者降低效率为代价的。管理是为了节约成本和提升效率，如果单纯为了"管理"而管理（过度管理），那也是不对的。财务理论中有一个重要的"成本—效益"原则，指的是做任何事都要在投入的成本与产生的效益间进行权衡，如果成本投入很大，而效益产出很少，那么这项管理措施或者投资基本上就没有必要了。

所以说，管理虽然重要，但企业的管理水平不能超过经营水平①，否则很多管理手段只能流于形式——为了做而做，不仅不会创造真正的价值，反而会影响企业效率，造成成本增加、利润降低。

二、如何做好财务管理

财务管理是管理学中的一个重要分支。

首先，做好财务管理，需要了解企业所处的产业链端和客户群体。简单来说，产业链包括技术研发、生产制造、产品营销、售后服务等。有的企业只做生产制造，比如代工工厂；有的企业主要做产品营销，比如国美电器、购物商场超市；有的企业专做销售和售后服务，比如汽车4S店；有的企业产品对接B端（企业用户端），比如汽车厂家只对接经销商销售；有的企业产品对接C端（客户端），比如生活超市主要对接终端用户销售……企业可以通过对自己所处产业链的位置以及客户群体的分析做产业链定位，进行产品附加价值设计，从而探究企业的商业模式、目标客户和产品定位，创造更高的附加价值。

附加价值，是市场给出的超出基本劳动报酬和产品材料成本的溢价，这种溢价可以基于研发、设计、知识产权（产业链

---

① 举个例子。如果你的企业是一个面积为20平方米的小吃店，员工只有2人，就没必要再制定招聘制度、请假制度了，员工想请假打个招呼就可以了；也不需要制定绩效考核制度，两个人工作努不努力，做得够不够好，老板自己心中自有一杆秤。但如果你的餐厅面积为3000平方米，员工人数超过100人，就必须制定请假流程和相关制度了，否则会让餐厅的人员管理陷入混乱。

上游）和品牌、渠道、市场、服务（产业链下游）等方面。有了高附加价值的产品，才能在市场上获取更高的市场占有率和收益，所以企业需要在附加价值上下功夫，塑造与凸显企业优势。

比如苹果手机就是把研发和销售（产业链的上游和下游）抓在手里，而把生产制造分割出去让他人代工生产；海底捞火锅卖的不只是火锅，还有他人学不会的服务；瑞士手表卖的不只是手表，更多的是品牌溢价，等等。但若处于产业链的中游，比如制造加工，则更多需要依靠产能扩张和精益化管理降低成本来实现利润的增长。没有品牌，没有自己的自主知识产权、专利、技术，就只能给别人代工；没有自己特有的自主销售渠道和服务优势，利润空间就容易受到挤压。

其次，做好财务管理，需要分析企业的竞争优势和竞争策略，是采用"差异化战略（我跟别人不同）"打造企业护城河，还是采用"总成本领先战略（我比别人的总成本低）"跟对手在市场上角逐，继而可以低价抢占市场，它决定了企业资金的优先和重点投资方向。采用"差异化战略"时，钱要重点花在企业独特的、有别于他人的优势塑造上；采用总成本领先战略，就要实现精益化的管理，在供应链、办公、营销、人力资源、生产等方面降低成本，提高企业自身的市场竞争力。

再次，做好财务管理，需要了解企业的六大基本要素。企业的六大基本要素包括人力资源、财务、物料管理、生产、采购供应和销售，简单来说，就是"人、财、物、产、供、销"。

财务管理不仅要管理财和物，还要更多地渗透到企业的各个管控环节中去：人力资源成本会影响企业利润，反过来，财务核算的数据准确性也会影响人力的应得薪酬；原材料的采购与管理成本、生产领用的材料消耗以及生产人工成本的计算会影响产品成本，继而影响产品定价与企业利润；产成品的财务管理涉及货物与货款的安全；材料的采购与供应财务管理涉及供货商优劣的选择，如赊账期的长短、材料供应的及时性、付款方式的选择等问题；销售的财务管理要确保货能卖出去，还要确保货款能够及时收回……

最后，做好财务管理，需要了解企业的竞争环境，如同行的竞争优势、消费者的消费习惯变化与引领、可以替代自己企业产品的新产品的上市等，这些都会影响企业的相关决策，进而影响财务管理的具体实施。

现在很流行一句话："打败你的不一定是你的对手，也可能只是一部手机。"手机支付让很多小偷失了业，美团和饿了么让方便面销量下降，傻瓜相机销声匿迹只是因为手机有了更高相素的拍照功能——这些都有力地说明了替代品对企业的潜在威胁。

三、财务管理的具体内容

具体来说，财务管理的内容包括投资、筹资、运营、分配和生产成本的管控。

投资：钱投到哪里去能创造更大的价值？是投资到本企业流动资产上还是加大固定资产投资扩大现有产业规模？是投资在产业链的上下游还是多元化经营投资其他行业？

筹资：没有钱去哪里找钱来支撑企业的经营发展？哪种方式的筹资成本最低？现阶段企业最适合哪种筹资方式？是从银行贷款、融资租赁还是发债？是短期借款还是长期借款？是借款还是扩大股权筹资？

运营：日常购销活动中如何对资金的不同运动状态进行合理的管理与控制，提高资金的使用效率与效果？

分配：赚了钱要怎么用？是用于股东消费，用于企业扩大生产，还是用于投资分公司或子公司，进行多元化经营（又返回到了投资管理）？

生产成本的管控：生产型企业由原材料到产成品的领用加工生产过程中的成本控制。

成本是企业利润的减项，站在企业的立场上，成本当然越低越好。但是换一个角度来看，成本同时也是一项投资。没有投入，哪来的产品？没有产品，哪来的市场？没有市场，哪来的营业额和利润？

购进便宜的原材料，以次充好，成本是降低了，但生意也没有了；为了降低费用而不做促销活动，销售局面就打不开；为了降低人工费用而延长员工的加班时间，搞"996 工作制"，员工没有幸福感，招不到人企业只会更难；为了控制成本而不增加研发费用，最终产品被其他企业的产品替代，企业也就丢失了所有市场；为了增加利润而隐瞒收入，少交、漏交税款，被稽查后罚款和滞纳金加起来比税款本身还高……

俗话说："舍不得孩子，套不住狼。"这句话同样适用于"成本投入—收入回报"之间的权衡。

利润是结果，也是目标。管住不该花的开支，利润就会提高；梳理各个业务流程，堵住管理漏洞，就能减少损失，提高利润；管住有可能收不回来的欠款，减少坏账的损失，利润就会提高；提升工作效率，成本就会降低；加快货物周转，提高销售回款速度，资金占用成本就低；设计合理的薪酬奖金分红制度，激发员工的积极性，创造的营业额就会增加；合理进行业务归集或拆分、规范税收核算，税收成本和纳税风险就会降低……对于以营利为目的的企业来说，管理就是为了在成本、风险、效益之间寻求平衡，最终让企业盈利最大化。

归纳起来，企业实施财务管理的目的有两个：一是降低成本，提升效率，增加利润；二是规避风险，提高企业价值。

第6讲　财务报表的目的：助力经济决策

一、财务报表又称"财务报告"，它的内容包括：四报表一附注

四报表：

1. 资产负债表

2. 利润表

3. 现金流量表

4. 所有者权益变动表

以上四个报表为 4 张表格，用四张 A4 纸即可完成打印。

一附注：

会计报表附注，即 4 张报表后附加的文字说明。

财务报表内容包括反映资产、负债等财务状况的资产负债表，反映销售额、成本费用、利润等经营成果的利润表，反映现金净流量的现金流量表，以及所有者权益变动表和报表的文字说明。

这里主要介绍前三张报表。

前三张财务报表所反映的内容如下：

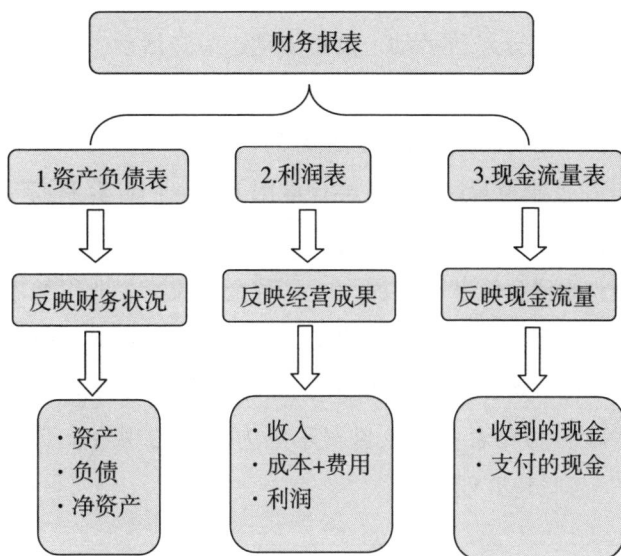

图2-2 资产负债表、利润表、现金流量表反映的具体内容

图2-2揭示了如下内容：

1. 资产负债表反映了企业的财务状况。在某个时间节点，企业拥有多少财产？这些财产的来源分别是哪里？欠别人多少？属于股东所拥有的所有者权益是多少？资产负债表就像是一张企业的即时照片。照片，永远定格在拍的那一刻的样子。

2. 利润表反映了一个时段内的经营成果。在某个时段内，企业的营业额是多少？各项成本费用是多少？最终实现的利润额是多少？应该上缴国家多少税收？利润表是以权责发生制原则为基础核算出来的。

3. 现金流量表反映了一个时间段内的现金流量状况。在某个时间段内，企业一共收到多少现金？一共花出去多少现金？现金流量表划分经营活动、投资活动、筹资活动，按类说明企业一个时期流入多少现金、流出多少现金以及现金流量净额。它是以收付实现制为基础编制出来的。

4. 在企业经营过程中，会计准则要求我们计算利润时以权责发生制为基础核算，而经营者不仅要关注企业利润额，更要关心企业的现金流状况，因为一旦现金断流，企业很快就会因无法维持经营而走向死亡。为了让经营者、管理者、投资者等能够全面地了解企业的利润和现金状况，就产生了以权责发生制为基础的利润表和以收付实现制为基础的现金流量表，让"熊掌"与"鱼"能够兼得。

扩展知识 2 **会计报表附注**

别小看我啊，他们四张表只需要四张 A4 纸就打印完了，而我可能需要少则几页，多则几十页 A4 纸。比如，报表所属的这家公司主要是做什么的，经营范围，它的主营业务是什么，经营地址在哪里？股东都是谁，分别出资多少，占股多少？股东情况介绍（姓名、学历、毕业院校、担任职务），总经理及其他高级管理人员都是谁？有什么样的学习和工作经历？企业每一年都交了哪些税，各税种分别交多少？哪些人欠企业钱，分别欠多少，欠了多长时间？

公司里的厂房、机器设备、办公家具都有什么，什么时候买的，价值多少？固定资产是按哪种方法计算折旧的？公司有没有欠别人钱，欠银行的，朋友公司的，还是欠供货商的？分别欠多少？今年有没有卖掉过一些大型设备？有没有进行大额贷款？有没有给股东分红，分了多少……这些信息都是在报表附注里才能看到的，而在四张表格中是看不到的。

所以，要想全面了解一家公司的信息，除了要阅读四张报表中的数字信息之外，还要多关注报表附注中包含的文字信息。

二、财务报表出具的时间

我国的会计准则规定：报表应按月、季、年出具。我们人为地把会计分为不同的会计期间，一般会按月和按年统计盈利情况，所以财务报表出具的时间节点，都是截止到每个自然月的最后一天。

每月底出具的报表叫月度报表（简称"月报"），每季度末出具的报表叫季度报表（简称"季报"），6月末出具的报表叫半年度表（简称"半年报"）或年中报表，年末出具的报表叫年度报表（简称"年报"）。

因为报表反映的财务数据时间节点是月末的最后一天，即当月所有经济业务发生完毕后才能出具报表，所以实际报表做出来的时间往往是次月的某一天，上年度的财务报表做出来的时间往往是次年的某一天，这样报表实际呈现出来的时间就会晚于报表上数据的截止时间，但因为经济业务不会停止，依然会持续不断地发生，我们现在看到的报表数据与当下企业的实际数据可能会有所不同，所以要求会计人员在出具报表时要尽量及时，最好当月的报表在次月5日之前就做出来，当年度的报表在年终结束后的15天内做出来，否则会影响管理层对当年度财务数据的分析，从而影响第二年的决策调整时间。

我见到过很多财务核算混乱的企业，时间都到了4月份，2月份的账务还没处理完，会计核算工作严重滞后，导致会计根本无法发挥相应的监督作用。有的企业，月度报表在次月15日以后才做出来，第二个月都过去一半了，报表数据的及时性很差，对于下一步调整经济决策很不利。除了及时性，当然还有准确性的要求，这两者是报表数据最重要的要求。在对财务人员进行绩效考核时，报表数据的准确性以及报表出具的及时性就是一项重要的考核指标。

小黑问道："那12月份结束后出具的报表是叫12月份的'月报'，还是'年报'呢？"

小白回答："12月经营结束后出具的报表是月报，但年报也是12月份结束之后出具的。不过，年报一般是对全年经营情况的汇总，更为详细一些，而月报更多地是对当月数据进行的统计汇总，相对简单一些。"

小黑又问："为什么报表数据与当前看到的实际情况会不一致呢？"

小白耐心地解释道："举个例子。比如截止到 1 月 31 日，某企业报表上显示账面资金余额为 100 万元，但是报表是次月 8 号才出来的，所以 8 号看到的数据依然是 1 月 31 日的数据 100 万元。可是，因为经济业务不会停止，在这 8 天之内，资金可能已经发生了多笔收付，也许 8 号的资金实际余额仅为 5 万元。"

三、财务报表的目标

财务报表的目标在于向财务报表的使用者提供相关会计信息，反映企业管理人员接受委托管理企业的责任履行情况，有助于财务报表使用者作出经济决策。

它的使用者包括投资者、债权人、企业管理层、政府及有关部门、社会公众等。

第7讲 资产负债表：企业的"家底表"，反映企业目前的财务状况

我们先看最重要的一张表，也是最基础的一张表——资产负债表。

资产负债表被称为企业的"家底表"，因为可以透过它考察企业的家底是否厚实，财产分布结构是否健康。看企业的好与坏就像丈母娘选女婿，厚实的家底好比殷实的家境，对判断一家企业或者一个择偶对象来说至关重要。

小黑："看家底厚不厚实我还能理解，为什么还要看分布结构啊？"

小白："有房有车很重要，但如果家里全是房和车，手上没有现金，那也是万万不行的啊！如果房子车子不能卖掉，没有现金，女儿嫁过去喝西北风吗？所以不光要看家底是否厚实，还要看财产都有什么，各占多少。"

小黑："嗯，有道理。"

小白："讲报表前，我先给大家讲个故事……"

朋友们，假设正在看这本书的你是一位美女，现在二八年华，

貌美如花、知书达礼、待字闺中，就等着香车宝马来接。来贵府提亲的人快把你家的门槛踏破，所有待选男士，身高均为185cm，体重80kg，英俊潇洒、积极上进、品性良善，也和你三观契合，学历匹配……也就是说，现在所有人选外在的标准都一样，只有财富程度不同，那么现在择婿的唯一标准就是"钱"——谁"有钱"，就选谁（仅为举例，不代表作者价值观）。

　　本故事的主人公"花花"小姐，就是一位这样的美女。她的好朋友小美的姑姑要给她介绍一位男朋友。

备选对象一：贺涵

如表2-1所示，贺涵的各项财产情况如下：

（1）个人银行卡内余额20万元；

（2）宝马车一辆，价值80万元；

（3）小别墅一套，价值1000万元。

表2-1　贺涵拥有的各种财产列表

项目	金额（万元）
银行卡内余额	20
宝马车一辆	80
小别墅一套	1000
财产合计	1100

备选对象二：何以琛。

如表2-2所示，何以琛的各项财产情况如下：

（1）个人银行卡内余额30万元；

（2）借给舅舅款项一笔，有借条一张为证，金额20万元；

（3）大众汽车一辆，价值20万元；

（4）130平方米住房一套，价值400万元。

表2-2　何以琛拥有的各种财产列表

项目	金额（万元）
银行卡内余额	30
舅舅欠款	20
大众汽车一辆	20
130平方米住房一套	400
财产合计	470

小美的姑姑说道："好了，他们俩的财产我已经列出来了，你自己比较看看，到底选谁？我再强调一遍，记住了，做选择之前，别忘记选人标准——谁'有钱'，就选谁。谁更有钱呢？"

花花回答说："这还不简单，1100>470，我肯定选贺涵呀！"

姑姑再次确认："你真的确定了吗？"

花花疑惑道："不是说谁有钱就选谁吗？难道我还不知道1100>470？"

花花开心地回到家，刚进家门就收到了小美的信息。

小美：在吗花花？你确定选贺涵了吗？

花花：嗯，是的。

小美：哎呀，你怎么选他呀，他没多少钱呀！

花花：不会吧？你姑姑不会骗我吧？他卡上没有钱，还是车子房子不是他的？

小美：那倒不是。但是贺涵的房子和车子都不是一次性付款购买的，是分期付款买的，他贷了银行800万呢！

花花：啊？

原来，贺涵除了拥有各种财产，还要承担不少债务！

表2-3 贺涵的各种财产和欠债的明细表

截止时间：2023年11月30日

项目	金额（万元）	项目	金额（万元）
银行卡内余额	20	欠银行贷款	800
宝马车一辆	80		
小别墅一套	1000	剩余净资产	300
财产合计	1100	欠款+净资产合计	1100

这些资产都是从哪里来的呢？	有800万元是借来的，还有300万元是自己积攒的。

由表2-3可以看出，假设贺涵突然丧失劳动能力，无力偿还贷款，那么他的房子、车子将被银行拍卖。如果拍卖所得为1000万元，还完欠银行的800万元，他自己手里仅剩300万元了。欠别人的钱叫作"负债"，而所有财产减去欠别人的钱，剩下的才能叫作"净资产"。

即：总资产−负债=净资产

总资产=负债+净资产 （恒等式1）

其中，恒等式1是会计学原理的最基本恒等式，也是最重要的会计原理公式。

我们此后学习的会计的理论和方法都来源于这个恒等式。

小黑问道："嗯，所以表2-3就是你说的资产负债表吗?"

小白点头道："聪明，给你点赞。"

小黑较真地说："那我觉得完整的说法应该是'资产、负债、资净产表'!"

小白笑道："是是，你对! 你知道吗? 净资产还有另外一个名字，叫'所有者权益'。"

小黑不解地问："啥? 所有者权益? 这个奇怪的名字是什么意思?"

小白笑嘻嘻地说："没啥意思，就像诸葛亮又叫诸葛孔明一样，爹妈起的呗。"

小黑说："又开玩笑，资产负债表又没有爹妈。"

小白严肃起来："怎么没有? 财政部就是它的爹妈。"

贺涵的资产负债表，就是他的家底表。家里到底有多少钱，有多少房，有多少车，有多少收藏品，一项一项把他拥有的资产以及资产的价值给列示出来，让人据此看到他现有的经济实力;同时，他的欠款也一项一项地被列了出来，让人看清他拥有的车、房有没有贷款，有没有欠别人钱，都是欠的什么人的钱，并据此判断他的剩余净资产，即真正的家底是多少。

花花："我知道了，真正的家底是净资产 300 万。"

小美："是的，了解一个人不能只看他的表面风光不风光，还得看他真正的经济实力有多强。"

花花："好，我记住了。那何以琛呢？他有没有欠别人钱呢？"

小美："何以琛嘛，别的债倒是没有，就是听说前一段时间他的车在小区里被划了，跟他们的物业管理公司产生了纠纷，拖欠的 2 万元物业费还没有付呢。不过听说最近他们达成和解了，物业给他修车，他需要支付拖欠的物业费。"

何以琛目前的资产负债表如下：

表 2-4　何以琛的各种财产和欠债的明细表

	项目	金额(万元)	项目	金额(万元)	
资产	银行卡内余额	30	欠物业公司	2	负债
	舅舅欠款	20			净资产
	大众汽车一辆	20			
	130平住房一套	400	剩余净资产	468	
	财产合计	470	欠款+净资产合计	470	

比较两位的资产负债表后，花花心里想：何以琛的净资产是468万啊，明显比贺涵多，应该选何以琛啊！

现在，我们再回过头来看看究竟什么叫作"资产负债表"。

如表 2-4 所示，资产负债表就是一张表格，分为左边和右边，左边列示一个人或一家企业拥有多少资产，分别是什么财产，价值是多少。右边分为上下两部分，上半部分代表的是欠别人多少钱，分别是欠谁的，欠别人的叫"背负的债务"，简称"负债"；下半部分代表的是还完别人以后自己还剩下多少，而还完债剩下的就是"净资产"。其中，只有净资产才是真正属于自己的部分。

理论上讲，资产负债表必须左右两边相等，因为它来源于会计学的恒等式：总资产 = 负债 + 净资产。在英语中叫作"Balance Sheet"，意思是"平衡表"。

第8讲　利润表：企业的"经营成果"，
　　　　反映企业的赚钱能力

这天是星期天，一大早，小美和花花就在煲电话粥。

小美问："花花，你确定选何以琛了吗？"

花花答："是啊，我明白了，看一个人的家底，不能只看他表面上拥有多少资产，还要看他欠别人多少，还完别人之后剩下多少。468万元比300万元多，我不应该选何以琛吗？"

小美说："也不一定啊。"

花花疑惑地问："为啥？选何以琛也不对？"

小美急忙说："也不是。其实，资产负债表只能反映出一个人在报表截止的时间节点所拥有的财产和欠债状况。也就是说，它只反映现状，不能看到未来。万一你选的对象没有上进心，守着现有财产坐吃山空怎么办呢？"

花花恍然大悟："嗯，是啊，这个我咋就没考虑过呢？那该怎么办呢？"

小美说："要想知道一个人的全部经济状况，还需要了解其他信息，比如他是做什么工作的，一个月赚多少钱，一个月花多少钱，每个月能攒多少钱，等等。"

花花着急地说："那你快点给我介绍一下他俩的情况啊。"

贺涵：世界 500 强企业管理咨询公司资深咨询师，月基本收入 5 万元，每月日常花费包含买衣服、水电物业费、交通出行费、饮食生活日用品等，共需要 2.2 万元。因为有房屋贷款，每月还需支付银行利息 1.2 万元。加上利息后，每月平均花费 3.7 万元。

何以琛：某律师事务所合伙人，月基本收入 3 万元，每月各项日常花费共计 2 万元。

列表 2-5、表 2-6 如下：

表 2-5　贺涵的收入费用结余表

项目	金额（万元）
月工资收入	5
减：日常费用	2.2
减：银行利息	1.2
净利润	1.6

表 2-6　何以琛的收入费用结余表

项目	金额（万元）
月工资收入	3
减：日常费用	2
减：银行利息	0
净利润	1

小白说："看到上面两张表了吗？它反映出会计理论上第二个重要恒等式。"

小黑问："是什么？"

小白回答道："就是'收入－费用＝利润'，这是会计的第二个恒等式。请抄写 N 遍，直至记住并深刻理解为止。"

小黑问："小白，我有一个词不明白，啥是'收入'？收入就是我收到的钱吗？"

小白说："不是的。在会计术语里，收入就是我们的销售额或者营业额，只要我们把货物卖了出去，不管有没有收到货款，哪怕是收到了部分货款，我们都把全部销售的货款叫作'收入'。"

请记住：会计上讲的"收入"不是指收到的钱。对于一家企业来说，收入是指一个月或一段时间内企业销售商品或提供服务获得的营业总额。一段时期内，你收到的钱有可能是你从银行借来的，也有可能是你原来借给别人还回来的，还有可能是以前别人欠你货款现在还给你的。只有你本期销售出去的货物本身应该收到的货款，或者你提供客户服务，客户应该付给你的服务费，才是会计说的"本期收入"。

【例2-1】"香香面包房"除了在门店里面向顾客零售面包，还给附近的幼儿园批量运送早餐面包。幼儿园与"香香面包房"协议约定：于次月5日对账，次月10日之前结算上月的货款。

2023年10月，"香香面包房"共采购面粉、鸡蛋、奶油、白糖等原材料10万元，顾客办理储值卡5万元，全部采用微信收款。在门店销售中，顾客选购面包的总价值为6万元。其中，2万元消费的是储值卡，4万元由零星顾客支付现金购买。本月给幼儿园配送的面包总额为10万元，但因为协议是月结，所以2023年10月并未收到货款。

请问："香香面包房"10月的收入是多少？

小黑说："我明白了，收入就是营业额。你看，顾客办理储值卡存了5万元，现金购买面包收了4万元，所以收入就是9万元。"

小白否定道："错，收入是营业额，而不是收款额。9万元叫'收款营业额'，指收到的钱，而不是营业额，不是收入。收入是当期（即2023年10月）总的销售出去的货物应该收回的总的金额，即'消费营业额'。"

小黑挠挠头："'消费营业额'？没听说过啊……"

小白耐心解释道："就是指顾客实际上在我们这里消费，应该付给我们的货款。只有被顾客消费掉，或者说只有我们提供给了顾客相应金额的服务或者相应金额的商品，这部分款项才叫收入。"

小黑笑道："我明白了，'收款营业额'和'消费营业额'不一样。"

小白接着说道："嗯。零售6万元的营业额，加上送给幼儿园但还没收回款的10万元，总共16万元。16万元才是面包房的营业额，也就是10月份的收入。"

小黑说："好啦好啦，别那么着急。我明白了，10月份的收入是16万元，不是9万元。"

好，现在咱们弄清楚了什么叫收入，再来看看两位帅哥谁的利润更多呢？

当然是贺涵了。他每月的净利润是 1.6 万元，比何以琛高 6000 元。

如果贺涵保持目前的赚钱能力或持续增强赚钱能力，那么只要他每个月都能准时偿还银行的本息，就不用担心他还不起钱。选贺涵有宝马车开，还有别墅住（仅为讲明道理）。有贷款怕什么？只要能持续赚钱，总有一天会还清。

对一家企业来说，资产负债表只能反映出一个人或一家企业截至目前拥有的财产或欠债状况。也就是说，它只反映现状，不能看出未来。如果一个人现在守着金山银山，但以后什么也不做，总有坐吃山空的那一天。一时的资产多少并不决定你是否真的优秀，持续赚钱的能力很重要，它能决定你未来是否也足够优秀。只看资产负债表是不全面的，还必须看赚钱的能力。要想看现在以及未来能否持续赚钱，就得看利润表了。

利润表也叫损益表，它的编制原理很简单：

收入−费用=利润（恒等式2）。

这个恒等式提示的信息是：在一段时间内，企业的销售额是多少，产生的各种费用是多少，两者相减赚了多少钱。

小美："花花，你决定了吗？依然选择贺涵吗？"

花花："是的。贺涵不仅现有资产额大，赚钱能力还强。"

小美："在你做出决定之前，我还要告诉你另外一件事情，你要不要了解清楚再做决定？"

花花："还有啥事没讲清楚啊？"

小美："是这样，贺涵不是有贷款吗？他每个月不只要还银行利息，还需要偿还本金，每个月等额本息还款。除了利息，他每个月还要还本金 15000 元。还完银行本金，他每个月手上就只剩余 1000 元可以使用了（16000 元－15000 元＝1000 元）。"

花花："那就是说，贺涵一个月的利润就只有 1000 元？"

小美："不是，利润是 16000 元，但剩下的现金就只有 1000元。也就是说，以后他赚的钱除了自己个人的花销和房屋的贷款，每个月可以积累下来的资金就只有 1000 元——换句话说，能给你的零花钱也就只有 1000 元。所以，你要不要再考虑一下，选贺涵，每个月可以给你的零花钱只有 1000 元，而选何以琛，因为他不用还贷款，所以剩下的利润都是可用的资金，每个月会有 10000 元的零花钱。你到底选谁呢？"

花花："唉，这么复杂，你为啥不一下子说清楚？还有，为什么贺涵的利润是 16000 元，而节余的现金却只有 1000 元？"

我想还是有很多人不明白，为什么利润不是最终剩余的资金，每个月卡里净剩余的资金也不是利润额呢？这就和下一讲要说的"现金流量表"有关系了。

我再举个例子。

【例2-2】有一个人叫张林,他原本身无分文,来到一个贸易市场,想看看能否批发点儿什么东西卖掉赚钱。张林考察后,决定购进小礼品去销售。他找自己的朋友李亮借了100元,第二天全部用来购入小礼品,销售定价200元,晚上到夜市上全部卖了出去并收回了货款。当天晚上,他的手中有多少钱呢?

对,200元!这200元中,有100元是欠朋友李亮的债,另外赚到的100元就是销售利润。

第三天,张林把借款还给了李亮。还掉欠款本金100元后,张林自己手中的资金还剩100元。这100元依然是他的利润,他并没有因为还给李亮100元而减少他昨天晚上赚到的利润,但他手中的资金,却因为偿还李亮的本金后由200元变成了100元。

头一天晚上借到钱后,张林的资产负债表如表2-7所示:

表2-7 张林的资产负债表(时间节点:头一天晚上)

项目	金额(元)	项目	金额(元)
银行卡里的钱	100	欠朋友	100
仓库里的货	0	自己的投资本金	0
		赚到的利润	0
财产合计	**100**	**欠款+净资产合计**	**100**

第二天购进货物后,钱花出去了,100元钱没了,变成了价值100元的小礼品(即待售的货物增加),此时的资产负债表如表2-8所示:

表 2-8　资产负债表（时间节点：第二天购进货物后）

项目	金额（元）	项目	金额（元）
银行卡里的钱	0	欠朋友	100
仓库里的货	100	自己的投资本金	0
		赚到的利润	0
财产合计	**100**	**欠款+净资产合计**	**100**

第二天卖掉小礼品后，货物卖掉了，没有了。货物售价 200
元，减去购进成本 100 元，赚了 100 元，此时的资产负债表如表
2-9 所示：

表 2-9　资产负债表（时间节点：第二天销售货物后）

项目	金额（元）	项目	金额（元）
银行卡里的钱	200	欠朋友	100
仓库里的货	0	自己的投资本金	0
		赚到的利润	100
财产合计	**200**	**欠款+净资产合计**	**200**

第三天归还李亮的钱之后的资产负债表如表 2-10 所示：

表 2-10　资产负债表（时间节点：第三天还完钱后）

项目	金额（元）	项目	金额（元）
银行卡里的钱	100	欠朋友	0
仓库里的货	0	自己的投资本金	0
		赚到的利润	100
财产合计	**100**	**欠款+净资产合计**	**100**

看了这个例子我们应该理解了，因为经济业务在不断变化，所以资金状况也在不断变化。头一天晚上，张林有 100 元，但这 100 元是借来的，未来需要偿还；第二天晚上，张林还是只有 100 元，但是这 100 元是自己赚来的，不需要偿还。第三天，张林还朋友的借款本金会减少口袋里现有的钱，但只是减少了自己承担的债务，不会减少赚到的利润。

我们回过头来看贺涵。

在没还银行贷款之前的 11 月 30 日，如表 2-3 所示，他欠银行 800 万元。12 月份，他净赚 16000 元，偿还银行 15000 元的本金后，他的资产负债表如表 2-11 所示（请注意看负债的变化）：

表 2-11　贺涵的各种财产和欠债明细表（截止时间：2023 年 12 月 20 日）

项目	金额（万元）	项目	金额（万元）
银行卡内余额	20.1	欠银行贷款	798.5
宝马车一辆	80		
小别墅一套	1000	剩余净资产	301.6
财产合计	1100.1	欠款+净资产合计	1100.1

银行卡内余额计算过程如下：

上月余 20 万元+本月收工资 5 万元-日常费用 2.5 万元-利息费用 1.6 万元-还银行本金 1.5 万元=20.1 万元

欠银行贷款的余额计算过程如下：

上月欠 800 万元-本月还款 1.5 万元=798.5 万元

剩余净资产计算过程如下：

上月累积的净资产余额 300 万元+本月新增的净利润 1.6 万

元=301.6 万元。

资产负债表上的数字其实是不断变化的，只要有收钱支钱，有货物的销售购进，有债权债务的产生，相关的资产、负债、净资产都会发生变化，你看到的报表往往都是过去的数字。我们看报表时，必须关注报表右上方标示的时间节点，报表上的数字，只代表该时间节点的数据状况。

同样，因为报表汇总需要时间，所以你现在看到的资产负债表的样子，其实是早几天（月、年）前的样子。

扩展知识3 **有钱分红，还是有利润分红？**

我们要清楚的一点是，银行账户上剩余的钱并不一定是你的利润。股东投资企业是为了赚取利润，然后按股权参与企业利润的分配。可是我们在进行分取红利时，首先要确保企业是有盈利的，要以盈利为基数进行分配，而不是看账户里是否有资金。

表 2-11 中，贺涵 12 月份是典型的"利润多（16000元），但是现金少（当月现金净增加额只有 1000 元）"。像这样的情况，虽然利润比较多，但是因为用利润偿还了借款本金，没有足够的现金剩余或没有现金，也无法进行分红。

而有的时候，企业又会出现相反的情况，即"有现金无利润"。比如，像【例 2-2】中的张林，他在借到朋友李亮 100 元但没有购进小礼品时，手中是有现金的，但是却没有利润。再比如，企业取得银行贷款，或者搞促销提前收取客户的货款（因为提前收货款但并没有交付货物，所以收到的钱就只是预收客户的货款，是一项债务，如果将来交不了货，是需要退钱给客户的），这就是典型的"有钱无利（润）"。在这样的情况下，当然也无法进行分红。

由此我们可以看出企业账务核算准确的重要性。如果没有利润表，企业将无法确定是否盈利；如果没有资产负债表，企业有财产或现金也不知道这些财产的真正来源。在这样的情况下，制定企业的管理决策、投资决策、分红方案等管理活动，无异于盲人骑瞎马，夜半临深池——面对风险而不自知！

第9讲　现金流量表：企业维持健康的"血液状况"，反映企业能否存活

对于企业来说，利润表告诉了我们在一定时间内赚到了多少利润。但赚到的利润中，有的部分在当期收到了现金，有的没有收到现金，而收到的现金也可能出于还债等其他原因需要再付出去，从而造成企业日常现金流不宽裕。企业赖以生存的最主要的依托就是现金，很多企业破产倒闭，不是因为亏损，盈利企业倒闭破产的也很多。那企业究竟为什么倒闭？绝大多数都是因为缺少现金流——"无法偿还到期债务"。一分钱难倒英雄汉，没有钱，举步维艰，该发的工资发不了，该采购的原材料买不来，到期的贷款还不上，水电费交不了……陷入这些困境的企业一定会倒闭。

因而，适时掌握企业的资金余额与资金结构状况，了解预期的现金收入与需要支付的现金支出，合理安排资金，不让企业的资金断流就显得尤为重要了。由此，就产生了第三张报表——现金流量表。

现金流量表分为三部分内容，即经营活动产生的净现金流、投资活动产生的净现金流、融资活动产生的净现金流。

这里的"现金"指的并不是纸钞，而是广泛意义上的"钱"，如放在银行账户里的钱、放在保险柜里的钱、微信支付宝中的钱，以及 6 个月内到期的银行承兑汇票。此外，还包括看起来不是"钱"，但可以随时出售换成钱的一些短期投资，如企业持有的随时可以抛售的股票和债券。

如果把企业比作一个人，一个人的生命需要血液维持，一个企业的生命需要现金流维持，那么经营活动就好比是企业的造血机能，经营净现金流越多，自身造血机能就越强；投资活动就好比是献血能力，只有血液能满足自身周转需求，才可能献出去给别人用；融资活动就好比是接受输血，如果企业自身的造血机能不足，现金流无法满足日常经营需求，就只能去企业外部寻求支持，站在企业的立场上，这就是融资活动。

一、经营活动产生的净现金流——造血机能

企业的经营活动，包括销售商品、采购货物、发放工资、缴纳税款、支付日常各种费用等。因为这些活动都是正常开展经营活动产生的，所以叫作"生产经营活动"。

企业销售商品或提供服务，会收到由客户支付的现金，从而引起现金流入企业。企业因此收到的现金，就叫作"经营活动收到的现金收入"。

企业采购货物、发放工资、缴纳税费、支付日常的管理和销售费用，这些也都是正常开展经营活动产生的，它们会引起

现金流出企业，这些活动引发的现金流出额就叫作"经营活动现金支出"。现金流入企业的金额和现金流出企业的金额会有一个差额，这个差额就叫作"经营活动产生的净现金流"，它有可能是正数，也有可能是负数。正数代表收到的钱多，花出去的钱少；负数代表收到的钱少，而花出去的钱多。

但是，现实情况却不一定乐观。在商业交易活动中，有些企业处于供应链的底端，没有话语权，很容易被客户、供货商或交易平台卡脖子。比如，客户购货时要求有账期，即赊销。货先拿走，货款却要过一段时间再结算，而供货商又要求提前打货款而暂不发货，这样企业就会很缺钱。企业缺钱，说明经营活动的现金流管理得不够好。

如果一家企业很有话语权，采购原材料时能够取得账期推迟付款，而销售商品时又可以要求客户提前付款，那么这家企业应该很有钱，经营活动现金流管理得不错。

但是，所有的企业都是处于一个供应链之上的。如果一家企业总是靠自己的市场垄断地位或强势话语权推迟给供货商付款，无偿占用供应商的资金时间过长，或者总是提前收取客户的货款，无偿占用下游客户的资金时间过长，那么它可能会倒逼供货商或客户生存不下去。而产业链的上下游都生存不下去，处在中间的企业也将无法生存或盈利。

如果一家企业的客户总是延迟支付货款，并且付款周期还比较长，对于这样的订单，我们是否要接？这就需要从利润率、资金成本、融资渠道等多方面去考虑是否值得做这个业务，否则有可能接的订单越多，企业死得越快——因为要接更多的订单，就需要招兵买马投入更多的资金，购买原材料也要预付更多的钱，但是货物交付后又不能及时回收货款，企业账面就会出现有销售额、有利润但却缺少现金流的问题，最终因为资金流断裂而死掉。

有一位著名的商人说过意思类似的话："如果一单生意的利润有 10 元，我只要赚 7 元，留 3 元给别人赚。永远少赚一点，让合作伙伴在跟我们合作的过程中也能够赚到钱，这才是真正的经商高手。"做企业，要考虑双赢，不能只考虑自己而不顾他人的死活，因为他人的死活最终会关系到自己的生死。这就是"唇亡齿寒"的道理吧。

二、投资活动产生的净现金流——献血能力

企业的商业活动中，除了有正常的生产经营活动，还有一些投资活动。

投资活动按照投资方向不同，可以分为"对内投资"和"对外投资"两种。企业对内投资的参与程度往往更高，对外投资的参与程度则较差。

对内投资，主要指对本企业内部的项目投资，如购买土地、建造厂房、增加设备等。这些投资是针对企业内部的，也是一种直接投资行为，即投入到本企业，依靠这些投资资产获取利润。此外，对内投资还包括企业设立自己的子公司，靠成为子

公司的股东而获取投资利润分红。

对外投资，主要指对本企业外部的投资，它主要是间接投资，如在股票二级市场上购买股票、基金、债券等，从而从其他企业获得利息或股息利润。

无论是购买设备、扩大生产，还是投资子公司、购买股票债券，都需要花钱，都会引起现金从本企业流出，这样的流出金额就叫作"投资活动的现金流出"。而企业转让子公司股权、获得分红和利息、出售股票债券，或者出手旧设备旧厂房，都会收到钱，会引起现金再流入本企业，这样的流入金额就叫作"投资活动的现金流入"。现金流入和流出的金额相减，会得到一个正数或负数，这个数字就是"投资活动的净现金流"。

处于扩张期或上升期的企业，往往会把经营活动赚到的现金流投入到扩大再生产中，这样会引起投资活动有花出去的钱而没有收回来的钱，那么投资活动的净现金流就会是负数。投资活动的净现金流为负数不一定是件坏事，也可能是件好事，因为这说明企业有"闲"钱，或者企业的掌舵人对企业的未来是积极的、看好的，所以他才愿意扩大投资。

对于某些情形来说，投资活动的净现金流是正数也不一定是件利好的事情。如下例：

【例2-3】某生产日用品的企业原本经营情况不错，后来因为其他同类型企业的竞争，业绩逐年萎缩。由于早年间购买了一家上市公司的股票，持有5年后股票大涨，于是该企业抛售了部分股票，当年度炒股赚到利润 1 亿元。也就是说，该企业投资活动的现金流入至少为 1 亿元，但是其经营活动的现金流却是-2000 万元。整体来说，该企业的现金流还是增加了 8000 万元。这样的状况，你觉得企业经营得如何呢？

单从现金流净增加 8000 万元来说，这是一个很不错的情形，因为企业手中的可利用资金比较充裕，但是如果细看资金增加的构成，我们会发现其中还是有问题的：炒股是副业，生产并销售日用品才是主业，如果企业不能让经营活动好转起来，即让经营活动的现金流为正数，那么企业需要一直抛售股票来换取现金流，但股票终有卖完的那一天。到时该怎么办呢？再买卖其他的股票吗？你又不是专业的投资机构，你能保证在其他股票上还能赚到钱吗？如果不能，企业未来的利润和现金流靠什么来维持呢？

三、融资活动产生的净现金流——输血能得到多少钱

俗话说："能借到钱就是本事。"有些企业在初创期需要通过大量"烧"钱以抢占市场，在发展过程中还要购买设备、扩建厂房、追加投资等，这些都需要大量的资金。而此时，企业的经营活动赚取的现金不足以应付，需要大量的外部融资才能解决资金需求。对于融资活动来说，现金流是正数，代表企业的融资能力强。

学习了资产负债表之后我们知道，企业的资产一般有两种来源，一种是借来的，我们把它叫作"债权融资"，一种是股东投入的，我们把它叫作"股权融资"。① 债权是需要归还的，并且还需要付息；而股权一般情况下是不需要归还的，它要求是利润分红，当然还需要承担血本无归的亏损风险。

无论是债权还是股权融来的钱，站在企业立场上就是融资，融来钱会让现金流入企业中；而到期归还借款本金和按期付息或者产生利润给股东分红时，都会引起现金从企业中流出；流入的金额和流出的金额之间也会有一个正数或负数的差额，这个差额，就叫作"融资活动产生的净现金流"。

企业接受外部输血时要记得，在市场经济的条件下没有"免费使用"的现金，企业输血后要付出一定的代价（吸收投资者投资，企业的受托责任增加）：要为股东多创造财富；借入现金负债增加，今后要还本付息。

如果企业融资不是出于投资扩张的需求，而是企业经营活动没做好，没有正的净利润和正向的现金流，那融来的钱是需要投入经营活动中的，是救命钱。企业救了命，缓过来之后要加快赚钱速度，把经营活动做好，因为只有利润才是现金流的稳定来源。

企业要想生存发展，就必须获利。生存靠现金，发展靠长

---

① 借钱这件事儿，站在出借方的立场叫"债权"，站在借入方的立场叫"债务"。企业借入资金，出借方获得了要求还本付息的权利，所以叫"债权融资"；股东投资给企业，最终会获得股东权利，如股东分红权、股东参与经营管理权、剩余财产分配权等，所以叫"股权融资"。

期盈利，利润是企业现金来源的主要渠道。没有现金，缺乏购买与支付能力对企业来说是致命的。

现金流越紧张，越要赶快想办法把销售做好（产品卖出去，现金收回来），削减不必要的开支，把利润做成正数，先努力活下来。经营活动搞好了，现金流也宽裕了，再去想诗和远方。

万科集团的董事长郁亮，在 2022 年的年会中，宣布他在 2023 年将不再乘坐飞机头等舱，要节衣缩食，去杠杆，收缩资产负债表，加快优化资产配置，尽快把库存房产转化为现金资产，增加企业的现金流储备，可见面对变化，万科这样的大企业也要首先确保现金流的稳定。

四、企业常见的融资方式

1. 银行借款

银行借款可以选择信用贷或者抵押贷，并且需要定期支付利息，到期归还本金。信用贷不容易拿到，即使能拿到，金额也有限。抵押贷中的抵押物通常是土地、厂房、特别的设备等，有抵押条件的企业可以采用这种方法。

2. 占用供货商或客户的资金

推迟对供货商的付款、提前收取客户的货款，这样就可以"占用两头"的资金为己所用，并且通常不需要支付利息。一些拥有大流量的平台企业，如京东、淘宝、滴滴等，还有像我本人所在城市的某百货公司、下属连锁便利店、大型购物超市、精品百货商场等都会采用这种融资方式。很多企业节假日福利就是发放百货公司的储值卡，这样一来，百货公司就可以提前收取用户的货款，推后支付商户的货款，从而筹到大量的资金。除了这些类金融企业，大多数的传统企业靠这样的融资方式所取得的资金非常有限。

其实，有很多小企业也在采用这种融资方式，如餐厅的预存储值会员卡、美发店的预存储值打折卡等，都通过提前收取客户资金达到了筹资或提前回笼资金、锁定客户的目的。

3. 融资租赁

融资租赁实际上也是一种借款方式。

绿叶公司亟须购买一台设备，价值700万元，但因为自己没有充足的资金，所以选择融资租赁购买。绿叶公司找到一家有融资租赁业务的公司，由它来代替自己支付货款700万元给设备厂家买下设备，然后以租赁的方式租给绿叶公司，再由绿叶公司按月支付租金给融资租赁公司。假设租期是5年，5年后，设备免费归绿叶公司所有。绿叶公司共支付5年的租赁费，合计830万元。多付的130万元租赁费实际就是利息，也是融资租赁公司出借资金700万元所获取的回报。

所以，融资租赁本质上也是购买设备，类似分期付款买房。不同点在于，一个是银行代付款，一个是融资租赁公司代付款。

4. 售后回租

因为缺钱，想卖自己家的东西，但东西自己还有用，必须使用、不得不用，怎么办？那就先找个有钱的人，把设备卖给人家，一次性收取一大笔资金，然后再把设备租回来，分期支付租金，缓解资金压力，这就是售后回租。

采用这种方式，在出售和回租的交易过程中，出售人（也是承租人）可以持续不断地使用资产。也就是说，资产能一直使用，只是由自己原本拥有所有权和使用权，变成了只有使用权。

5. 发行债券

就像国家可以发行国库券（也称"国债"）一样，企业也可以发行企业债券，筹得资金并支付利息。债券都有指定的到期日，一般通过二级市场进行销售，投资人不确定，即企业的债权人不确定，因为是向不特定的社会公众借款。

小黑兴奋地说："哎，这个方式好，咱们也发点儿债券为咱们的鸡蛋生意筹点儿资金？"

小白回道："发行债券可不是所有企业都可以做的，它有很多严格的条件限制，就算国家没有条件限制，我们发债券也不能让人信服，谁敢买啊？"

小黑说："承诺高息啊，肯定有人愿意买。"

小白提醒道："小心涉嫌非法吸收公众存款，也就是大家常说的非法集资罪！不符合条件，没有资格的企业发行债券或向不特定的社会公众借款，就是犯罪啊！"

小黑瞪大了眼睛："啊？"

6. 典当融资

参考电视剧中的当铺：没钱时先典当资产，有钱时再赎回。

7. 增资扩股

第10讲我将详细叙述，在这先举个例子，让读者有个初步概念。

【例2-4】我家有三亩田、两套房，原本价值20万元，全是我自己一个人拥有。我有一门打铁的好手艺，想开一间打铁铺。我看好打铁铺的未来，你也看好它的未来；你有钱但没手艺，我有手艺但没钱。现在，我愿意把我的田地、房产以及打铁铺的未来跟你一起分享，让你享有20%，前提是你需要出资30万元。这30万元投入进来，你占20%，我占80%。当然，原来的田地和房产也是我占80%，你占20%。我们的资产价值一下子变成了50万元。这就叫增资扩股。

这种方式下，资本是增加了，但股份总额还是100%，不可能变成120%。所以，增资扩股是扩大了投资总额，或者是在扩大投资总额的同时也增加了股东人数。

对于未来有上升空间的企业、被风险投资机构或者其他投资人看好的企业，原股东可以高价出让部分股份，分享未来的收益给更多人，从而筹得企业发展所需要的资金。

五、企业总的现金增加或减少额

企业三种活动的现金流入流出关系可以参考图2-3：现金流

入 - 现金流出 = 现金净增加量。

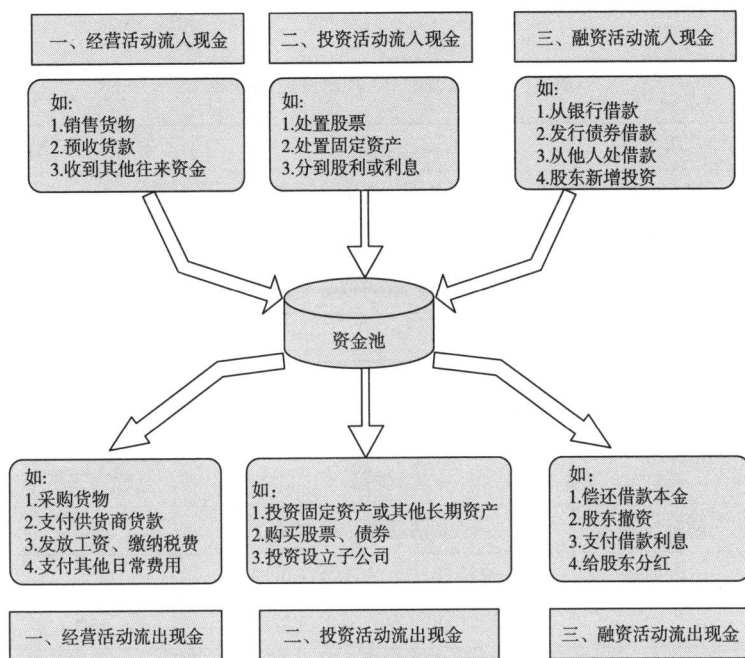

图 2-3　企业三种活动的现金流入流出关系图

【例 2-5】如果某企业年初资金的账面余额为 10 万元，年末的账面余额为 100 万元，就说明经过一年的辛苦经营，企业的资金增加了 90 万元（资金增加并不一定等于利润增加）。表面看起来，资金充足是个不错的现象，但如果不知道这 90 万元资金的来源，真的能确定是个好结果吗？

我们需要仔细分析现金的构成，才能确定企业的现金管理活动究竟如何。

那么，增加的 90 万元资金来源于哪个活动呢？如表 2-12、表 2-13、表 2-14 所示。

表 2-12　增加的 90 万元资金的来源①

属性	类别	金额（万元）
创造血液	经营活动现金净流量	60
贡献血液	投资活动产生的现金流量净额	−30
接受输血	融资活动产生的现金流量净额	60
合计		90

表 2-13　增加的 90 万元资金的来源②

属性	类别	金额（万元）
创造血液	经营活动现金净流量	−30
贡献血液	投资活动产生的现金流量净额	−30
接受输血	融资活动产生的现金流量净额	150
合计		90

表 2-14　增加的 90 万元资金的来源③

属性	类别	金额（万元）
创造血液	经营活动现金净流量	20
贡献血液	投资活动产生的现金流量净额	130
接受输血	融资活动产生的现金流量净额	−60
合计		90

这三个表的结果都是资金增加了 90 万元。

第一种情况是自己造血60万元，贡献给别人30万元，接受外部输血（借到的或筹到的资金）60万元；

第二种情况是自己造血-30万元，贡献给别人30万元，接受外部输血150万元；

第三种情况是自己造血20万元，收回原来贡献出去的血液（收回对外投资）130万元，偿还原来接受别人的输血60万元。

思考一下，以上三个情况中，哪一个表明企业的现金流最健康呢？

当然是第一种情况了。因为经营活动带来了更多正向的现金流，企业自身的造血机能更好；筹资活动也带来了正向的现金流，说明企业的筹资能力较强；投资活动现金流为负数，说明企业增加了投资支出，意味着企业的经营者对企业的未来比较看好。

第10讲 关于股权转让、增资扩股和企业估值方法

一、股权转让

股权转让，即买卖股份，指原股东把自己手中的部分或全部股权卖给新股东，新股东的购买价款是交付给原股东的，所以并不会留在企业。资金交付后，公司的注册资本金总额不会变化，公司账户的资金余额也不会变化，但股东人数以及持股比例发生了变化。

【例 2-6】张林原来投资了光明公司，出资 100 万元，持股比例为 100%。后来张林将自己的 20% 的股份比例以 30 万元的价格卖给了李亮，双方签订了股权转让协议，李亮也支付给张林 30 万元，双方去市场监督管理局办理了股权变更手续。变更后，光明公司的股东由张林一人变为张林和李亮两人，由张林 100% 持股变为张林持股 80%、李亮持股 20%，但光明公司收到的总出资额 100 万元不变。

股权转让有平价转让、溢价转让和折价转让三种。

1. 平价转让

假设原来一股成本价 1 元，现在转让价还是 1 元，没有盈亏。

2. 溢价转让

假设每股投资成本价 1 元，但转让价定在了 2 元，转让每股赚 1 元。这种情况下因为原股东有盈利，就需要依据盈利额缴纳个人所得税（股东为自然人，税率 20%）或企业所得税（股东为机构法人，税率 25%）。例 2-6 中，张林将自己原价为 20 万元的 20% 股权以 30 万元的价格卖给了李亮，这就是溢价转让，溢价额 = 30 - 20 = 10（万元），需缴纳个人所得税 = 10 × 20% = 2（万元）。

3. 折价转让

假设每股成本价 1 元，但转让价定在了 0.5 元，每股亏 0.5 元。如果股东是企业，亏损会减少企业利润，抵减企业所得税。

但不管怎么定价，股权转让其实就是一种买卖行为，只不过交易的标的物是股权，交易资金是购买方支付给出售方的。

股权转让后，出让股份的股东的持股比例将会降低，而股东持有的最多股份是 100%，假设每次转让 20% 的股权以获取资金，那么转让 5 次后，原股东的持股比例将降为 0，对于想获得资金用于企业发展的创业股东来说，用这种方法获取资金是不可取的，要想筹集企业的发展资金，就要用到增资扩股的方式。

二、增资扩股

前文我们已经简单分享过什么叫增资扩股。增资扩股，是把原来的小蛋糕做成大蛋糕，资金是留在企业内部的，作为企业的流动资金或专项资金使用。出资完成后，公司的注册资本金总额发生了变化，并且股东姓名、各股东持股比例也可能发生变化（图2-4）。

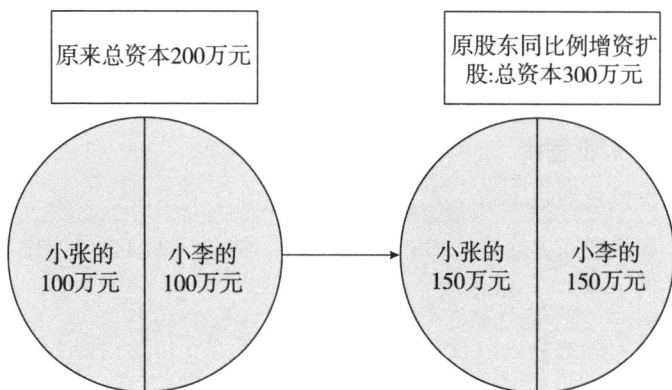

图2-4　增资扩股示例图①

原股东同比例增资扩股的，股东人数及持股比例不变；吸收新股东加入的增资扩股，股东人数及各自的持股比例都会有变化（图2-5）。

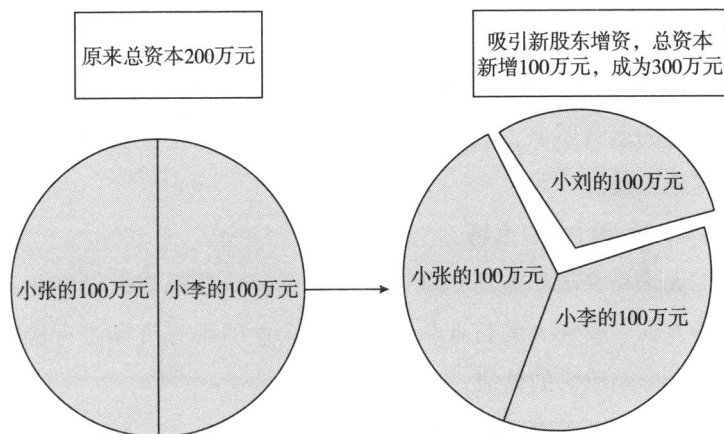

图2-5　增资扩股示例图②

三、影响股份价格的因素

增资扩股或股权转让，除了原股东间的同比例增资扩股不涉及股份价格评估之外，大多数对外转让或吸引新的投资者进入的，都要对原股份进行价格评估，即：对于新老股东来说，该公司的股份价格到底值多少钱？

1. 现有资产的规模大小和质量好坏

"瘦死的骆驼比马大"，有些企业虽然现在不怎么赚钱，但是因为资产规模大，原来的投入大，掌握的资源多，未来说不定哪天就能翻身打一场大胜仗，估值时需要考虑这个因素。

2. 商业模式和市场定位

盈利模式好，市场定位准，或已经形成规模效益，不容易被复制，对未来的盈利预期越高，增长速度越快，现在就可能越值钱。

3. 管理运营团队的构成及管理规范度

好的运营团队，成熟的管理体系，有利于企业更稳定、更快速地发展。

4. 所处行业和市场

无论是夕阳产业还是朝阳产业，任何行业都有做得好的和做得差的。投资人的行业偏好，以及企业的现有市场占有份额等都会影响股份的估值。

5. 现有股东的身份和背景

原来创业已经很成功的创业者，进入新领域创业，如果要融资，那么现有股东身份背景能让人相信企业可能会有同样好的未来。

6. 特殊的资质、许可权以及品牌影响力

如果某个企业拿到了行业的特殊许可或某项专利，那么这个企业的未来就会被看好；如果可口可乐公司要出售股权，单凭"可口可乐"四个字就可以获得百亿美元的估值。

扩展知识 4 **买资产，还是买股权？**

【例2-7】有一家企业账面总资产1000万元，负债500万元，净资产500万元。你出400万元给原股东，以股权转让的方式买下这家企业。请问：你购买这家企业花了多少钱？

可能有人会说，不是 400 万元吗？我们习惯性的说法是"我花 400 万元购买了一家企业"，但实际上可能不是这样的。再想一下，到底花了多少钱呢？

买企业，我们要看到底买的是资产，还是股权。如果通过股权转让的形式成为一家企业的股东，那么我们实际是买下了一家企业的财务报表。也就是说，买资产的同时，也买下了一家企业的负债。所以，你不只是拥有了 1000 万元的资产，同时还承担了 500 万元的负债，实际花费的代价有可能是 400 万元，也有可能是其他金额。

为什么呢？

你实际花费的成本究竟是多少，需要看这家企业的资产质量。如果你购买的报表（企业）中，资产质量都比较高，所有的非货币资产都能以同等金额转化为现金资产，那么就可以用现金资产来偿还负债，这样你花 400 万元买了 500 万元的净资产就是赚了。如果非货币资产质量更高，或者表外资产①能够给企业带来更好的未来收益，那么实际花费的购买成本是低于 400 万元的；但如果非货币资产转化为现金的质量不高，那么你就有可能赔钱，因为就算所有的非货币资产都不能变现，负债还是要偿还的，这样你花费的成本就可能大于 400 万元。

---

① 不能以货币来衡量，也无法计入资产负债表中，但有可能给企业带来利益的隐形资产，如商标、品牌、非专利技术、现有的市场占有率、成熟的管理团队和体系、产品美誉度等。

上面的例子叫"买股权"，即通过购买股权的方式获得了某企业资产。对企业的估值很重要，不能单凭账面净资产额决定购买价格。

还有一种购买方法，就是纯粹的购买资产而不购买负债。比如，花费 600 万元把一家企业的土地、机器设备买过来，土地证变更为自己企业的名字，设备由出售企业开具发票给自己的企业，这些资产的所有权就属于自己的企业，而不再属于原来的出售企业，原来的企业也是只出售了部分实物资产，而不是出售了整个资产负债表。

四、估值方法

1. 购买资产的估值

购买二手资产，需要做资产的价值评估。比如，土地厂房值多少钱，机器设备值多少钱，汽车、家具值多少钱，这些资产一般都有市场参考价，买方可以通过个人的市场调查或专业的资产评估机构来确定资产的价格，进而通过资产的新旧程度由双方协商价格，比较简单。

2. 企业的估值方法

购买股权，通常买方看好的是这个企业的整体发展状况或某些资质、特许权等因素。无论是出让方，还是受让方，都想对转让股权的价格进行评估和衡量。如果购买公司只是为了资质或某些特许权,认为公司其他的资产并没有太高的购买价值,可以仅对资质或特许权进行评估。

如果购买方是看好被投资企业未来的整体发展状况,进而要入资被投资企业,那就要对被投资企业的整体价值进行评估。以下介绍一些常用的估值方法。

2.1 市盈率法

"盈"指的是每股盈利,"市"指的是每股市场价。市盈率=每股市场价÷每股盈利,即每股市场价对每股盈利的倍数。

运用市盈率法,被评估企业的估值=企业现有年度净利润×可参考的市盈率。

其中,现有年度净利润是企业过去经营的现有成果表现,稳定经营的企业可以取最近几年的平均值,也可以取最近一年的数据作为参考;市盈率是未来资本市场对企业的增长预期。企业价值就是立足现在,看增长倍数,从而得出企业估值。

【例2-8】大地公司为上市公司,其股本总数共计10000万股,2022年度,实现全年盈利总额为3000万元,则每股盈利=3000÷10000=0.3(元)。2022年底,大地公司的每股市场价为3元,则市盈率=3÷0.3=10(倍),即每股市场价是每股利润的10倍,或者说未来资本看好企业的利润将会以现在盈利的10倍增长。

现在有着与大地公司相同行业背景、商业模式的绿叶公司拟出让其股权,出售的股权占总股本的数量的10%。绿叶公司不是上市公司,它与大地公司为同行业,商业模式、管理团队、目前的销售额等与大地公司类似又有所不同，但同样有上升潜力。现在，绿叶公司的股份怎么估值？10%的股权出售确定为多少价格？

第一，先确定绿叶公司的每股盈利额。假设绿叶公司年盈利额为2500万元，总股本数8000万股，则每股盈利＝2500÷8000＝0.3125元。

第二，参考大地公司的市盈率倍数10倍，可以推测绿叶公司的市场价也是利润的10倍。

第三，绿叶公司的每股市场价＝10×0.3125＝31.25（元）。

第四，绿叶公司的市场估值＝8000×3.125＝25000（万元）。

第五，绿叶公司10%的股份额转让价＝25000×10%＝2500（万元）。

市盈率法适用于被估值的公司有同类型企业的市场价参考，并且适合于被估值企业有盈利且稳定。如果被估值企业为亏损，则无法使用此方法。

2.2　市净率法

如果某公司现在处于亏损阶段，没有正数的盈利额，但是有较高的净资产额，那么可以使用市净率法。

市，指的是每股市价；净，指的是每股净资产。

市净率＝每股市价÷每股净资产。市净率法下，被评估企业的估值＝企业净资产×可参考的市净率。

【例2-9】（接［例2-8］），假如大地公司的净资产总额为15000万元，则每股净资产＝15000÷10000＝1.5（元），市净率＝3÷1.5＝2（倍），即每股市价是每股净资产的2倍。

绿叶公司现阶段为亏损期，每股盈利为−0.2元。其净资产总额10000万元，股本总额8000万股，则绿叶公司的每股净资产＝10000÷8000＝1.25（元）。

参考大地公司的市净率2倍，可以计算出绿叶公司的每股市场价为2×1.25＝2.5（元）。

绿叶公司的股东转让其股份数为10%，共800万股，转让的股份估值＝800×2.5＝2000（万元）。

市净率法适用于拥有重资产的制造型等企业。

2.3　净资产加商誉

比如苹果公司，净资产只有900亿美元，但是它的估值达到了5000亿美元，80%都是商誉。商誉指的是企业的无形资产，如技术、品牌价值等。

联想收购IBM公司花了30多亿美元，其中80%也是商誉，包括IBM公司的品牌和ThinkPad的个人电脑品牌。

2.4　市销率法

市销率＝每股市价÷每股销售额

市销率法下，企业估值＝年度销售额×市销率

如果一家公司没有利润额，也没有多少净资产额，比如一些互联网公司，那可以比照市销率来定价。

市，指市场价；销，指销售额，即市场价是销售额的倍数比。

假设大地公司的市场价÷销售额＝0.7，绿叶公司的销售总额为5亿元，则其公司参考估值总额＝0.7×5＝35000（万元）。出售10%的股权，其价值为3500万元。

2.5　未来现金流折现法

学习了资金的时间价值，我们知道现在的1元与1年后的1元的价值是不相等的，由此可知1年后得到的1元与2年后得到的1元也是不相等的。2年后的1元具体等于现在的多少元，取决于预期的投资回报率，心理预期回报率越高，折算到现在的价格就越低。假设投资某企业后，预计该企业可以持续盈利8年，8年后收回投资，那么每年的投资分红折现额合计[①]，再加上8年后收回的本金折现就是现在的企业估值。

【例2-10】张林拟通过股权转让的形式，购买光明公司原股东赵光明持有的10%的股权。赵光明的转让价格为400万元，请问张林应该买吗？

我们需要分析两个数据并进行比较，然后再决定是否购买。一是现有投资额，二是未来的回报额，如果"未来的回报<现有投资"，那么投资是不划算的；反之，如果"未来回报≥现有投资"，那么投资就是值得的。

---

①　折现额合计指将以后若干年每年都会赚到的现金流按预期的投资回报率折算到现在时点价值并加总的金额，它使用复利计算。

第一，张林现在时点出资的 400 万元，即是现有投资金额；

第二，张林未来 8 年每年能够分到的现金额折现，以及 8 年后能收回的投资本金折现额相加总和，即是未来的全部投资回报额。

预计光明公司未来 8 年的盈利分红如表 2-15 所示：

表 2-15　光明公司未来 8 年的盈利分红　（单位：万元）

年度	光明公司盈利总额	张林的分红额	折现系数（预期年投资回报率 10%）	折现额
第 1 年	200	20	0.09091	18.182
第 2 年	600	60	0.8264	49.584
第 3 年	700	70	0.7513	52.591
第 4 年	750	75	0.683	51.225
第 5 年	800	80	0.6209	49.672
第 6 年	500	50	0.5645	28.225
第 7 年	300	30	0.5132	15.396
第 8 年	200	20	0.4665	9.33
分红小计	4050	405		274.205
第 8 年（收回本金）		400	0.4665	186.6
收回的现金总计	4050	805		460.805

通过上表可以看出，张林未来 8 年累计得到的分红额为 405 万元，折算到现在的时点价值为 274.205 万元，再加上 8 年后收回的投资本金 400 万元，折算到现在的价值为 186.6 万元，合计将来共可以收回的折现金额为 460.805 万元。已知赵光明的转让价格为 400 万元，460.805>400，即在张林预期年投资回报率

为10%的情况下，未来的收益总额是大于目前投资额的，那么实际的投资回报率肯定是高于10%的，所以张林应该购买。

小黑挠挠头问道："小白，我还是有点儿看不大明白啊，那个折算额是怎么算出来的？"

小白解释道："折算额是预期收到的分红金额乘以折现系数算出来的，每年的折现系数都不一样，是因为越晚收到的现金，其价值越低，所以折现系数也越低。这是财务管理课程的内容，我以后再好好给你讲讲吧。"

小黑说："算了，我不想搞清楚了，以后反正有你在，我就不操这个心了。"

小白絮絮叨叨地继续说道："其实还有很多的估值方法，处于不同发展阶段的公司，比如初创期、发展期、成熟期的企业；或者不同类型的公司，如互联网企业、生产型企业、高技术企业等，采用的估值方法都不相同。我们要记住的是，如果我们需要通过转让股权或增资扩股吸收投资，而评估又是必需的，一定要交给专业的机构和专业的人帮我们做。"

第11讲 净资产又叫"所有者权益"，是因为站的角度不同

一、资产的来源

假设有一家公司要统计一下它的家底，那就要把它所拥有的财产全部罗列出来，包括银行账户里存的钱，仓库里放的货，别人的欠账，办公室的空调、电脑、办公桌椅，车间里的设备，运输用的汽车，等等。只要是属于这家公司名下的财产，都要罗列出来。

但这些财产来自哪里呢？是谁投入到企业里的呢？

前面我们讲过资产负债表，知道企业财产的两个来源，即股权融资和债权融资。事实上，它还有第三个来源，即企业累计赚到的利润。接下来，我想简单介绍一下这三个来源。

1. 第一部分，也是最早的来源，股权融资

股东或老板投资进来的叫作股东们的"投资本金"。这部分来源是有封顶额的。

小黑不解地问道："封顶额？我想追加投资还不能再投了吗？"

小白耐心地解释道："不是的。企业要守法经营，就必须设立营业执照。设立营业执照时，市场监督管理局会要求投资人填写一个未来打算投资到企业的总金额，这个总金额被称作'注册资金'，投资人需要在承诺的时间内，依据企业经营所需要的资金额，把注册资金一次性或分次逐步投入到企业中去，而写在营业执照上的金额，就是投资的上限。如果需要追加投资也是可以的，但需要去市场监督管理局变更营业执照上的'注册资金'金额，这个叫作'增资'。当然，根据实际情况，如果投入到企业的资金太多，闲置在企业中浪费，企业也可以向市场监督管理局申请'减资'，减少投资额。申请减资并变更营业执照后，原来投入的资金可以撤回。但如果不履行'减资'手续，按照国家规定，只有企业解散时投资本金才能从企业取回，所以平时会一直留在企业，用于企业日常生产经营活动。"

小黑继续问道："那撤回投资款要交税吗？"

小白回答道："这本来就是自己投资的钱，现在把本金拿回来，是不需要交税的。"

小黑追问道："那要是注册资金写了100万元，后来股东实际也投了100万元，但企业的流动资金还不够怎么办？股东还能往企业投资吗？还是必须去市场监督管理局办理增资手续才可以继续投资呢？"

小白说："也不是必须办理增资手续，股东把注册资金全部投入到企业后，还需要再追加投资的，可以以出借的名义将股东的资金借给企业使用，将来企业资金充足了，再偿还给股东本人。虽然这部分资金也是股东投入到企业里的，但它只能叫作'债权融资'，不能叫作'股权融资'。这时股东本人也同时是企业的债权人，股东就有了双重身份。"

2. 第二部分，债权融资

也就是企业赊欠或贷款来的。比如企业跟供货商达成协议，先购货，后付款。企业购进货物放进了仓库，资产增加了，却没有付钱，欠了别人一笔钱，所以这部分货物就来源于"负债"。再比如某企业贷款建厂房，那么厂房这项资产就算是从银行"借"来的，企业拥有一笔资产的同时，也承担了一笔负债。

3. 第三部分，企业累计赚到的利润

股东投资企业是为了赚钱。企业赚钱后，股东要想从公司拿走利润，必须由股东会形成统一决议，决定分红额以及分红时间后才能由企业支付给股东。支付后，企业的留存利润会减少。同时，利润分配时，款项由企业账户转入股东个人账户，企业的账面资金也会减少。但如果企业赚了钱却并不给股东分红，那么这部分利润就留在了企业内部，成为企业资产的第三个来源。

如果赚到的利润都存在银行里，利润就表现为货币的形态；如果把货币花出去，购买了货物或生产设备、扩建了厂房，利润就表现为实物的形态；如果赚到的利润都是客户欠款，就表现为一项应收款权利。

表2-16　某企业的资产、负债、所有者权益表　（单位：万元）

资产的分布状况		资产的来源	
项目	金额	项目	金额
银行账户余额	200	欠银行贷款	700
客户欠款余额	20	欠供货商货款	600
仓库里的货物价值	800	欠税务局税款	30
厂房、机器设备价值	1000	股东投资本金	500
运输卡车三辆	80	经过经营累计赚到的利润	270
财产合计	2100	欠款+净资产合计	2100

从表2-16中可以得到的信息有：资产有多少？2100万元。它来源于哪里？欠别人的1130万元，自己的投资本金500万元，还有累积赚到的利润270万元。

小白继续开讲："所以简单来说，资产负债表的右边反映资产的三个来源：以企业名义借来的有多少，企业股东投入的本金有多少，企业累积赚到的有多少。"

小黑笑道："嗯，这么说资产的三个来源，分别是借来的、投来的、赚来的。"

小白也笑："你总结得特别好！企业是用借来的和投来的本钱去经营企业，最后赚回来利润。"

二、为什么净资产又叫"所有者权益"?

小白说:"其实是这样——企业不是股东投资的吗?股东不就是企业的所有人吗?所有者的'权'就是权利,股东或投资者依据一定的投资本金享有权利,所以投资本金就代表了所有者的'权利';而所有者拿本金做什么?"

小黑回答道:"为了赚钱啊!"

小白说:"是,赚到的钱就叫作'收益',简称'益',无论是所有者的投资本金,还是用本金赚到的收益,都归所有者所拥有,合并起来就叫'所有者权益'。"

小黑恍然大悟:"哦,我明白了,原来如此!"

其实净资产有两种不同的叫法,还因为站的角度不同。

1. 站在剩余资产的角度,就叫作"净资产"

净资产=总资产−负债

这个公式表示的意思是:企业拥有的总资产减去别人的,剩下的才是自己的。

2. 站在资产来源的角度,就叫作"所有者权益"

总资产=负债+所有者的权+所有者的益

这个公式表示的意思是:现在拥有的总资产是哪里来的?有三个来源:一个是借来的,一个是股东投入的,还有一个是赚取的利润。

投资的本金和投资者的收益都归投资者拥有，属于同一类，合并起来称为"所有者权益"。

合并写为：**资产=负债①+所有者权益**

可以继续写为：**①总资产=债权人权益+所有者权益**

或

②总资产=总权益

(其中，权益又包括债权人权益和所有者权益。)

---

① 负债又可以称为"债权人权益"。

第 三 章

账簿和会计记账基础

第12讲　报表数据都是从账簿上抄来的

财务报表上的数据的来源：从账簿上抄来的。

小黑："小白，我知道了财务报表的重要性，但报表上的数据是从哪来的啊？"

小白："报表上的数据是依据账簿上记录的相关数据抄写下来的。"

小黑："那账簿上的数据又是从哪来的？还有，账簿到底长啥样啊？"

小白笑道："你还真有打破砂锅问到底的精神！"

小黑挠挠头："嘿嘿……以后咱们可是要合伙创业的，不懂点儿财务知识怎么行呢？"

只要有经济业务的发生和变动，都需要记录在不同的账簿上，所以账簿上的数据来源于真实的每一笔经济业务。

当然，不是经济业务一发生，会计就马上直接记在相应的账簿上。每发生一笔经济业务，会计会先"随手"记在一张"小纸片"上，再把这些"小纸片"按顺序编上号，排列起来。然后，会计会依据"小纸片"上"随手登记"的内容，将其登记到相对应的不同账簿中去。

而这个带编号的"小纸片",就叫作"记账凭证"。

关于记账凭证的实际用途以及它的样子,我们将在第 26 讲中加以讲述。

第 13 讲　账簿就是记录各种账的本子

一、账簿的定义

标准化定义：账簿就是记录各种账的本子，通俗地说，就叫"账本"。

小黑："记录各种账的本子？那就是说，我随便拿个本子记账就行了？"

小白："是啊，只要本子是用来记账的，就叫账本。"

小黑："别骗我了，我看到的账本都是专门买来的，可不是随便什么本子都行。"

小白："我没骗你，账本就是记账的本子。不过账本通常是买来的，是因为记账的纸张需要用专门的格式，买来的账本都是印刷好的格式，可以直接填写，比较方便一些。"

二、账簿的分类

按照账本格式的栏目是多是少，可以分为三栏式和多栏式。

1. 三栏式，包含借方栏、贷方栏、余额栏（表3-1）

按照只记录金额还是既记录金额又记录数量，可以分为数量金额三栏式和普通金额三栏式。比如，记录银行账户资金的账本就只需要普通金额三栏，分别为增加额、减少额、余额；但是记录仓库货物的账本就需要用数量金额三栏，因为对于货物管理来说，不仅要管理价值，还要管理货物的数量。如表3-1是普通金额三栏，表3-2和表3-3是数量金额三栏。

表3-1　账本格式（普通金额三栏式）

日期	凭证字号	摘要	借方金额	贷方金额	余额	
		明细账	**(1001)库存现金**		币别：人民币	会计期
2021-01-01		上年结转			平	
2021-01-31		本期合计			平	
2021-01-31		本年累计			平	
2021-10-01	收-1	支付货款		1,000.00	贷	1,000.00
2021-10-01	收-2	支付货款		1,000.00	贷	2,000.00
2021-10-01		本日合计		2,000.00	贷	
2021-10-19	付-1	111	9,000.00		借	7,000.00
2021-10-19		本日合计	9,000.00		借	7,000.00
2021-10-31		本期合计	9,000.00	2,000.00	借	7,000.00
2021-10-31		本年累计	9,000.00	2,000.00	借	7,000.00

表3-2　账本格式（数量金额三栏式①）

112

表3-3 账本格式（数量金额三栏式②）

固定资产明细账

| 名 称：____ | | | 计量 单位 | | 使用 年限 | | | 折旧或 赔偿 | | 估计 残值 | | | | 折除费 | | | 总页 ____ | |
| 财产编号____ | | | | | | | | | | | | | | | | | 分页 ____ | |

2017年		凭证号	摘要	单价	购进或拨入			折旧或转出					余额			核对号
月	日				数量	金额		摊提或转出			折旧额		数量	金额		
						千百十万千百十元角分		数量	金额 千百十万千百十元角分			千万千百十元角分		千百十万千百十元角分		
7	1	1	投影仪	3500	1	3 0 0 0 0 0									
7	5	1	办公桌	1800	2	3 6 0 0 0 0									

2. 多栏式，即栏次比较多，一般损益类账户常用多栏式账本（表3-4）

表3-4 账本格式（多栏式）

管理费用明细分类多栏账

日期	凭证字号	摘 要	借 方	贷 方	余额方向	余 额	借方发生额明细分析						
							办公费	业务招待费	交通差旅费	折旧费	工资福利	通讯费	车辆使用费
2008/01/01		上年结转			借								
2008/01/01	转-1	横销长城炉开支	500		借	500			500				
2008/01/01	现付-1	付交通差旅费	1500		借	2000			1200			300	
2008/01/03	现付-2	报销医药费	5000		借	7000					5000		
2008/01/03	现付-3	报销办公用品费	2000		借	9000	2000						
2008/01/03	现付-4	报招待费	6000		借	15000		6000					
2008/01/09	现付-6	付交通差旅费	1000		借	16000			500			500	
2008/01/09	银支-2	付水电费电话费	2000		借	18000		2000					
2008/01/16	现付-7	付车辆过路费	1800		借	19800			1200				600
2008/01/31	转-11	结转工资费用	30550		借	50350					30550		
2008/01/31	转-12	结转折旧费用	31138.88		借	81488.88				31138.88			
2008/01/31	转-16	结转本期损益		81488.88	平	0							
2008/01/31		本期合计	81488.88	81488.88	平		4000	6500	2900	31138.88	35550	800	600
2008/01/31		本年累计	81488.88	81488.88	平		4000	6500	2900	31138.88	35550	800	600

3. 按照记账的清晰程度可以分为明细账和总账

比如，有多台运输车辆的企业，明细账会按每台车的车牌号进行分别登记，对它的购买日期、购买价值、折损情况等信息进行详细的管理；但总账只会登记所有固定资产的采购总额。

手工账下，明细账是为了对每一项资产和负债进行清晰管理；总账对资产和负债的管理并没有起太大的作用，更多的是为了出具财务报表，因为资产负债表的取数是取所有不同类别资产或负债的总额。

小黑："这么多账本，看得我眼花缭乱，到底都有啥用途啊？"

小白："总结一下，主要是两种：一种叫普通金额三栏式账，即只记录金额增加、减少、结余三个主要数字的账簿；还有一种叫数量金额三栏式账，即不仅要记录金额的增减，还需要记录数量增减的账簿。"

小黑："哦，那账本上的数据又是从哪来的呢？"

小白："以后再说，现在我们得抓紧时间继续买鸡蛋、卖鸡蛋了。"

小黑："哦，对！"

二、账簿的样子

小黑问道："在企业的实际经营中，真正的账簿到底长什么样子？都有哪些账簿？"

小白答道："账簿就是我们将在本讲学习填制的那些不同的表格，只要表格的内容记的是账，它就是账簿。不过登记账簿时要连续记录在同一个表格里，记完 1 月的账，再记 2 月的账，再记 3 月的账，一般一年更换一次账簿。"

小黑继续追问："那到底应该设置哪些账簿呢？又该有多少记账的表格呢？"

小白答道："会计的工作对象就是资金及其运动状态，只要资金有了不同的状态变化，会计就要设置相应状态的账簿，以记录它的增减变动状况。

"在本讲中，表3-5、表3-6、表3-7等计算列表实际上就是账簿：关于客户欠款的账、关于欠养鸡场的账、关于销售额的账、关于销售成本的账、关于各种费用的账、关于仓库里货物进销存统计的账。

"账有很多，只要资产有了变化，涉及资金的不同运动状态，会计都要加以记录。不同的运动状态会产生不同的账，会计的工作就是'记录资金及其运动状态'。"

小黑："等等，你刚才说'关于仓库里货物进销存统计的账'，什么叫'进销存'？"

小白："进，就是购进多少；销，就是销售多少；存，就是结余多少。主要是针对仓库里的货物，购进多少，卖出去多少，仓库里还剩余多少。还有一种叫法，叫作'收发存'，也是针对仓库里的货物的。"

对于商贸企业来说，购进什么货就销售什么货，不进行加工生产，物品的形态进入仓库后不会发生改变，所以叫'进销存'。但对于生产型企业来说，购进的各种材料领用后需要继续加工生产，待生产完成后，再变成产成品卖出去。所以，仓库里的材料的增减，又叫'收发存'。"

三、以"美味蛋生意"为例，计算利润

还记得"美味蛋生意"吗？

2023年2月初，小白和小黑两人开会讨论，一致同意，增加投资，扩大销售规模。

首先，小白和小黑各自去亲戚朋友家借款，小白凑了2万元，小黑凑了1.5万元，共3.5万元。起名为"美味蛋生意"，继续经营。

这里要清晰一点，这些欠款都是他们个人的欠款，而非"美味蛋生意"的欠款。必须是以"美味蛋生意"名义赊欠的款项，才是它的负债。

小黑："为什么我们要叫'美味蛋生意'？为什么我们不能叫'美味蛋公司'呢？"

小白："因为我们没有设立公司。叫公司名称，得按照法律规定，取得营业执照才行。没有营业执照的许可，随便叫公司的名字可是违法的哟！"

小黑："那我们设立公司吧！"

小白："暂时不用，设立公司的手续很麻烦，每年还需要进行年检、维护，咱们还是以个人名义先把生意做稳了再说。等以后我们的规模做大了，需要时再设立。"

接下来，他们去"安心养鸡场"与养鸡场的刘总洽谈业务，谈定了刘总每月至少保证供应"美味蛋生意"10000斤、每斤3元的长期鸡蛋采购合同。

2月10日，小黑用自家的电动三轮车去"安心养鸡场"运回鸡蛋4000斤，支付12000元货款，并将运回的鸡蛋放入自家的地下车库。

2月17日，为了以后送货方便，小黑小白决定购买一辆二手小货车，花费了20000元。

2月18日，小黑办了一张加油卡，充值加油费1000元。

2月20日，非洲地区发生猪瘟疫情，很多人不敢吃猪肉，导致鸡蛋价格瞬间大涨。小白小黑决定再去多购进一些鸡蛋。他们又到"安心养鸡场"，与刘总商谈本月再供应给他们10000斤鸡蛋，但由于他们手头现金不足，无法当场支付货款，所以刘总同意赊销给他们，双方约定货款在3月25日之前结清。

截至2月28日，"美味蛋生意"共销售给某饭店2000斤鸡蛋，每斤售价3.6元，饭店尚未支付货款；销售给某超市2500斤鸡蛋，每斤3.5元，超市也未结算货款；零售了500斤鸡蛋，每斤 4 元，货款全部收到。

请问，到 2 月底，"美味蛋生意"赚了多少钱？其资产负债表是什么样子的？

小白："小黑，你来算算吧？"

小黑："我来算？这有点儿复杂了吧，我得好好算算账。"

小白："别急，一个一个算，慢点儿算，最好列个表算算。"

第一步：先算钱，手里有多少资金很重要。

保险柜里剩余的资金计算如下：

本月新增投资 35000 元−买鸡蛋 12000 元−买小货车 20000 元−1000 元加油卡＝2000 元。所以，保险柜里还有 2000 元。

小白看了一眼说道："不对，还有零售鸡蛋收到的货款没算上呢！"

小黑面带歉意："哦，是，卖鸡蛋还收到了 500 斤×4 元/斤＝2000 元呢。"

小白建议道："还有上个月咱们结余的 4 元钱也需要加上。这样算太麻烦了，容易漏项，还是列个表计算一下吧。"

列表计算如下：

表 3-5　银行卡余款计算　　　　　（单位：元）

日期	内容摘要	金额增加	金额减少	余额
1月1日	股东投资	2		2
1月2日	购买鸡蛋2个×1元		2	0
1月9日	收回货款	4		4
	1月份收付款合计	6	2	4
2月1日	收到小白小黑追加投资款	35000		35004
2月10日	购买鸡蛋4000斤		12000	23004
2月17日	购买小货车一辆		20000	3004
2月18日	办理加油卡充值		1000	2004
2月27日	零售鸡蛋货款500斤×4元/斤	2000		4004
	2月份收付款合计	37000	33000	4004

第二步，算仓库里有多少货。

小白："先别急，算之前我想问你一个问题。"

小黑："什么问题？"

小白："货是啥？啥是货？"

小黑："瞧您问的，货就是鸡蛋啊！"

小白神秘地说："你的回答对，也不对。我想告诉你的是，货就是钱。咱们的生意里货是鸡蛋，可是别人家卖服装的，货就是服装；卖汽车的，货就是汽车。"

小黑："什么意思啊？货就是货，不管别人家的，对我们家来说就是鸡蛋，怎么是钱呢？"

小白循循善诱："我问你，鸡蛋是不是钱买的？卖了鸡蛋是不是能赚到钱？如是鸡蛋管不好，丢了、过期了或打碎了，还能赚到钱吗？"

小黑终于明白了："嗯，你说得对，管不好货就赚不到钱。"

小白："对，所以请记住，货就是钱，它跟保险柜里的钱一样重要，因为它就是我们拿钱买回来的。管不好货，鸡蛋坏了，打碎了，就是钱丢了。"

小黑严肃道："嗯，我记住了，货就是钱，仓库就是另一个保险柜！"

仓库里剩余鸡蛋的计算：

数量结余：上月结余 0 斤+本月第 1 次购进 4000 斤+本月第 2 次购进 10000 斤-卖给饭店 2000 斤-卖给超市 2500 斤-零售 500 斤＝9000（斤）

金额结余：上月结余 0 元+本月购进 14000 斤的 42000 元-本月销售 5000 斤的 15000 元＝27000（元）

也可以这样算：结余 9000 斤×3 元/斤＝27000（元）。

也就是说，仓库里结余鸡蛋 9000 斤，每斤进货价 3 元，结余的鸡蛋价值是 9000×3＝27000（元）

列表计算如下：

表 3-6 货物——鸡蛋账明细列表

日期	内容摘要	数量增加	金额增加	数量减少	金额减少	数量结余	金额结余
1 月 2 日	购买鸡蛋	2 个	2 元			2 个	2 元
1 月 2 日	销售鸡蛋			2 个	2 元	0	0
	1 月合计	2 个	2 元	2 个	2 元	0	0
2 月 2 日	购买鸡蛋	4000 斤	12000 元			4000 斤	12000 元
2 月 10 日	购买鸡蛋	10000 斤	30000 元			14000 斤	42000 元
2 月 12 日	卖给饭店			2000 斤	6000 元	12000 斤	36000 元
2 月 17 日	卖给超市			2500 斤	7500 元	9500 斤	28500 元
2 月 22 日	零售给客户			500 斤	1500 元	9000 斤	27000 元
	2 月合计	14000 斤	42000 元	5000 斤	15000 元	9000 斤	27000 元

第三步，饭店和超市欠款计算。

表 3-7 饭店、超市欠款列表　　　　（单位：元）

日期	内容摘要	金额增加	金额减少	余额
2 月 28 日	饭店欠鸡蛋款 2000 斤	7200		7200
2 月 28 日	超市欠鸡蛋款 2500 斤	8750		15950
	2 月收付款合计	15950		15950

第四步，欠养鸡场多少钱也需要计算。

表3-8 应付货款——欠安心养鸡厂款项列表计算（单位：元）

日期	内容摘要	金额增加	金额减少	余额
2月20日	从安心养鸡场购货10000斤	30000		30000
	2月合计	30000		30000

第五步，算算赚了多少钱。

小黑沮丧地说："这还用算吗？这个月肯定亏钱！"

小白："为啥亏？我们卖了不少货啊。"

小黑："货是卖了，可很多没收钱啊！只有零售的500斤收了2000元，其他卖给饭店和超市的都没有收钱啊！这个月还花了33000元，其中买车20000元，买鸡蛋12000元，办理加油卡1000元。所以，这个月我们亏了31000元啊！"

小白："哈哈哈，不是这样算账的，你算的是现金流结余，不是利润结余啊！"

小黑疑惑地问："那应该怎么算呢？"

小白："在第14讲中，我给你讲讲记账基础你就明白了。"

第 14 讲 会计记账基础：收付实现制和权责发生制

会计有两种记账基础：收付实现制和权责发生制。

一、收付实现制，又称"现收现付制"

现收现付，指的是现金的收和付，这里的现金泛指所有的资金。在会计核算中，它是以款项是否已经收到或已经支付作为计算标准来确定本期的销售营业额和费用，继而计算利润的一种方法。收到钱就算作"收入"，支付钱就算作"花费"。

在本期间内实际收到或付出的一切款项，无论其发生时间早晚或是否应该由本期承担，均作为本期的收益和费用进行处理。

【例 3-1】某企业租了一间写字楼来办公。按照合同约定，2023 年 11 月份，其预先支付了本年 2023 年 12 月份至 2024 年 11 月底的房租，共 12 万元。因为现金在本期支付，会计把 12 万元都算作 2023 年 11 月份的房租费用，一律由本期核销进入本期的费用，以后期间不再分摊。这种方法采用的就是收付实现制，核算手续比较简单，但不能精确反映各期的成本和盈亏情况。

如果本月（2023年11月）企业没有销售货物，即销售额为0元，但仍然有房租费用12万元，那么企业利润为0-12=-12（万元）。

这样计算的结果就是2023年11月份该企业亏损12万元。

到了第二个月（2023年12月），当期本来也应该有房租费用1万元，但因为11月份把所有的房租费用都扣除过了，所以12月份企业就不再承担房租费用了，这样计算出来的12月份的利润就会比真实的利润多出1万元。

在我国不以营利为目的的行政事业单位会计核算一般都采用收付实现制。

【例3-2】大学生小刘，2016年9月毕业后找工作，10月1日正式开始上班。其中，10月份的工资为3000元，11月份的工资为3200元，当月工资次月发放，即小刘10月份的工资会在11月10日收到。同时，小刘9月1日开始租房，一次性支付了4个月房租（从9月1日到12月31日），一个月的房租是1000元，共支付4000元。此外，小刘9月份吃饭、买日用品、支付电话费等所有日常费用共计2000元，10月份、11月份的日常费用都是1300元。

在收付实现制下，小刘2016年9月、10月、11月的利润表如下：

表3-9　小刘2016年9月、10月、11月的利润表①：

9月利润表			10月利润表			11月利润表	
项目	金额(元)		项目	金额(元)		项目	金额(元)
工资收入	0		工资收入	0		工资收入	3000
生活费用	2000		生活费用	1300		生活费用	1300
房租费用	4000		房租费用	0		房租费用	0
利润	−6000		利润	−1300		利润	1700

· 利润=工资收入−生活费用−房租费用

由【例3-1】和【例3-2】可以看出，无论房租费用的"受益期"分别是哪个月份（会计期间）的，只要在当期花了钱，支付了现金，就算作本期的费用。同样，不管当月应不应该有工资收入，只要当月没有收到工资，就相当于收入为0元，哪个月收到了工资，就算作哪个月的收入。

这样的记账基础，就叫"收付实现制"。

二、权责发生制，又称"应收应付制"

权责发生制以销售额和各种费用应不应该计入本期为标准来确定销售额和费用的配比关系并计算当期的利润，不考虑款项是否实际收到或支付。

125

如【例 3-1】中，某企业 2023 年 11 月预先支付了房租 12 万元，因为这 12 万元缴纳的是 2023 年 12 月—2024 年 11 月的房租费用，2023 年的受益期只有 12 月一个月，所以属于 2023 年的房租费用只有 1 万元；2024 年的受益期有 11 个月，所以属于 2024 年的房租费用为 11 万元。

【例 3-3】（接【例 3-2】），如果以权责发生制为记账基础，则小刘 9 月、10 月、11 月的利润表如下：

表 3-10　小刘 2016 年 9 月、10 月、11 月的利润表②：

9月利润表			10月利润表			11月利润表	
项目	金额(元)		项目	金额(元)		项目	金额(元)
工资收入	0		工资收入	3000		工资收入	3200
生活费用	2000		生活费用	1300		生活费用	1300
房租费用	1000		房租费用	1000		房租费用	1000
利润	–3000		利润	700		利润	900

·利润=工资收入–生活费用–房租费用

小黑说："嗯，我理解了，小刘 10 月份上班了就应该有工资收入，不管是几月份收到的，都属于 10 月份的收入；同样，虽然我们卖给超市和饭店的鸡蛋没收到钱，但因为是 2 月份卖出去的，所以也算作 2 月份的营业额。"

　　小白称赞道："聪明！同理，小刘虽然 9 月份一次性支付了 4 个月的房租费用，但因为受益期是 4 个月，每个月应承担的都是 1000 元，所以不应该把 4000 元都算成 9 月份的费用，只有其中的 1000 元是 9 月份应该承担的。"

　　在我国，一般以营利为目的的企业单位的会计核算都会采用权责发生制作为记账基础。所以，记账基础的不同决定了利润的不同，而确定合理的记账基础是实现利润准确的前提。

第15讲　会计记账要点①：掌握利润的计算方法

小白："小黑，我问你，利润是怎么来的？"

小黑："我知道，利润是辛勤劳动换来的。幸福在哪里？朋友啊告诉你，它就在辛勤的劳动里，它就在流淌的汗水里……"小黑边说边手舞足蹈地唱起来。

小白笑道："正经点儿，别贫了！"

小黑："我知道，你已经说了 N 遍了，利润＝收入–费用。所以，要想知道利润是多少，得先知道收入和费用是多少。"

三个步骤计算利润：

第一步，计算卖鸡蛋的销售额或营业额是多少。

第二步，计算卖出去的鸡蛋的采购成本价是多少，用营业额减去采购成本，得出的结果叫作"毛利润"，简称"毛利"。

第三步，计算出当月的各项其他费用，比如工资、加油费、车辆折旧、仓库租金等，这样才能得出最终赚到了多少钱。所以，毛利润–各种费用＝净利润。

小黑："真麻烦啊！"

　　小白："是啊，会计的工作就是烦琐，需要认真细致。现在算算加油费花了多少吧。咱们在加油卡里预存了 1000 元，不知道用掉了多少，用掉的才是咱们的费用，没用掉的还在加油卡里存着，下个月还可以用，跟仓库里结余的货物是一样的，都算作咱们的资产。你去查询一下加油卡，看里面还有多少余额，就能推算出咱们这个月用了多少加油费。"

　　小黑："我今天早上刚加过油。加完油，卡里面还剩下 350 元。"

　　小白："嗯，也就是说，咱们的燃油费用掉了 1000－350＝650（元）。"

　　小白认真地记下了一笔账。

　　回到小白和小黑的"鸡蛋生意"，在计算利润之前，需要列个表计算一下加油卡的余额。

表 3-11　预存中石油加油卡余额增减计算列表　（单位：元）

日期	内容摘要	金额增加	金额减少	余额
2 月 18 日	办理加油卡充值	1000		1000
2 月 18 日	加油消费		300	700
2 月 22 日	加油消费		200	500
2 月 26 日	加油消费		150	350
	2 月增减额合计	1000	650	350

表 3-12　投资本金增减计算列表　　　　（单位：元）

日期	内容摘要	金额增加	金额减少	余额
1月5日	小白小黑投资	2		2
	1月收付款合计	2	0	2
2月2日	小白小黑追加投资	35000		35002
	2月收付款合计	35000		35002

第一步，销售额的计算

销售额=卖给饭店 2000 斤×3.6 元/斤+卖给超市 2500 斤×3.5 元/斤+零售 500 斤×4 元/斤 = 7200 + 8750 + 2000 = 17950（元）。

第二步，销售成本的计算

销售成本=销售 5000 斤×进货价 3 元/个 = 15000（元）。

第三步，赚到的毛利润的计算

毛利润=销售额-销售成本 = 17950-15000 = 2950（元）。

小黑："等等，我觉得还是不对，销售成本价到底是多少？咱们一共买了 14000 斤鸡蛋，但是只有 4000 斤花了钱，付了 12000 元，其他的没付钱啊！销售成本应该是 12000 元，怎么会是 15000 元呢？"

小白笑了："你还是没搞懂我给你讲的'收付实现制'和'权责发生制'。咱们买回来 14000 斤鸡蛋，全部鸡蛋的购进成本是 14000×3＝42000（元），还记得货是什么吗？"

小黑："记得，你说过，货就是钱。"

小白："对啊。所以，14000 斤中，只有卖掉的 5000 斤才是咱们花掉的钱，而花掉的钱才是费用，没花掉的部分，也就是余下的 9000 斤，还在咱自己家保险柜（仓库）里放着，它还是钱（资产的另一种形态），不是费用。"

销售额的计算列表如下：

表 3-13 销售额的计算列表 （单位：元）

日期	内容摘要	销售金额增加
1 月 1 日	销售鸡蛋 2 个	4
	1 月销售合计	4
2 月 1 日	销售给饭店	7200
2 月 10 日	销售给超市	8750
2 月 17 日	零售给客户	2000
	2 月销售合计	17950
	1 月、2 月销售额合计	17954

表 3-14　销售成本计算列表　　　　(单位：元)

日期	内容摘要	成本金额增加
1 月 1 日	销售鸡蛋 2 个	2
	1 月销售合计	2
2 月 1 日	销售给饭店 2000 斤×3 元	6000
2 月 10 日	销售给超市 2500 斤×3 元	7500
2 月 17 日	零售给客户 500 斤×3 元	1500
	2 月销售合计	15000
	1 月、2 月销售成本合计	15002

　　小白伸了个大大的懒腰："好了，所有的列表都整理出来了，我们把 2 月份的报表做出来，就知道赚了多少钱了。报表是固定格式，数字都是从账本上来的，你照着账本抄吧。"

　　小黑问："账本在哪儿呢？"

　　小白指了指上面的列表："我们上面整理的每一个列表都是一个账本：关于销售额的账是表 3-13，关于预存加油费的账是表 3-11，关于货物的账是表 3-6。"

　　小黑恍然大悟："要记这么多账啊！幸好我没当会计，不然我肯定得累死。"

　　小白回道："是啊，做会计不仅要有技术，还要有耐心。"

　　小黑："你辛苦了，小白。那你休息会儿，我马上抄写。"

表 3-15 利润报表（空白表）

（毛利润=2 月份销售额–鸡蛋成本价；净利润=毛利润–加油费）

会计主体： 所属期间： 年 月 （单位：元）

项目	2 月金额	1—2 月累计金额
2 月份销售额		
鸡蛋成本价		
毛利润		
加油费		
净利润		

表 3-16 利润报表

（毛利润=2 月份销售额–鸡蛋成本价；净利润=毛利润–加油费）

会计主体：美味蛋生意 所属期间：2023 年 2 月

项目	2 月金额（元）	1—2 月累计金额（元）
2 月份销售额	17950	17954
鸡蛋成本价	15000	15002
毛利润	2950	2952
加油费	650	650
净利润	2300	2302

小黑笑道："哇，太好了，我们赚了2300元！上个月才赚了2元，这个月赚了2300元，小白，我们马上要发大财了！哈哈哈……"

小白也很高兴："是啊，这个月利润不错。我再考你一下，利润是怎么计算出来的呢？"

小黑："我减出来的啊！用销售额减去销售成本（得到毛利润），再减去其他各项费用计算出来的。"

小白："对。所以会计在记账的时候是不记录利润的，只需要在平时记录好每一笔销售额和费用并登记在相应的账本中，到月末就可以计算出利润了。"

小黑："我知道了，利润不是记录出来的，而是计算出来的！还有你刚才讲了毛利率很重要，我们的商品毛利率是多少我还不知道呢，我要算算看！"

2023年1月的毛利率计算：

毛利 = 4−2 = 2（元）

毛利率 = 2÷4×100% = 50%

2023年2月的毛利率计算：

毛利 = 17950−15000 = 2950（元）

毛利率 = 2950÷17950×100% = 16.43%

小黑张大了嘴巴："天啊，我们这两个月的毛利率差别也太大了吧！"

小白说道："这很正常啊，第一个月毛利率高是因为我们把鸡蛋煮熟了，进行了深加工，这样商品的附加值就会高，并且销售时又是零售，价格也高，所以毛利率高；第二个月毛利率低是因为我们量销，主要是批发，毛利率肯定就低了。所以，单一的对比毛利率有时并不能说明什么问题，还需要看不同的业务开展模式和盈利模式。"

第16讲 会计记账要点②：区分毛利、净利和边际贡献

一、毛利和毛利率

毛利，也叫毛利润，是企业营业收入与营业成本的差额。用公式表现如下：毛利＝商品售价－成本价，毛利率＝毛利÷商品售价×100%，它们反映了一个企业商品的盈利能力。

假设某商品成本单价为12元，售价为15元，则该商品的毛利＝15－12＝3（元），毛利率＝3÷15×100%＝20%，即企业每产生1元的销售额，里边包含了0.2元的利润。

按"商品（1个）的售价－商品（1个）的成本价"计算出的毛利叫"单位毛利"；按"所有商品的售价－所有商品的成本"计算出的毛利叫"综合毛利"；按"商品大类"计算出的毛利叫"分类毛利"。

【例3-4】某企业为销售电脑的公司，产品型号共有3种。2023年12月份，该企业共售出A型号电脑300台，售价3500元/台；售出B型号电脑450台，售价4500元/台；售出C型号电脑500台，售价5000元/台。其成本价和毛利测算如表3-17所示：

表 3-17　毛利率测算表

型号	成本价（元）	售价（元）	单位毛利（元）	单位毛利率	销售数量（台）	总销售额（元）	总成本额（元）	综合毛利（元）	综合毛利率
A 型号	3000	3500	500	16.67%	300	1050000	900000	150000	
B 型号	3650	4500	850	18.89%	450	2025000	1642500	382500	
C 型号	4280	5000	720	14.4%	500	2500000	2140000	360000	
合计					1250	5575000	4682500	892500	16.01%

由表 3-17 可以看出，A 型号电脑的毛利率为 16.67%，B 型号电脑的毛利率为 18.89%，C 型号电脑的毛利率为 14.4%，它们都是单一商品的毛利率；而该企业所有商品（包含 A、B、C 三种商品）的综合毛利率是 16.01%。

一个商品的毛利率说明了它的盈利能力。收入在去掉成本、营销费用、企业后勤管理的各项费用后才能形成净利润，所以只有足够高的毛利才能够支付其他各项费用，继而最终盈利。如果毛利不足以补偿流通费用和税金，企业就会亏损。

毛利率一般分为"综合毛利率"、"商品分类毛利率"和"单项商品毛利率"。

假设【例 3-4】中，该公司除了台式电脑以外，还销售笔记本电脑、掌上电脑、固定电话、音箱等商品，那么按所有种类为基础计算的毛利率就是"综合毛利率"；按台式电脑类、笔记本电脑类、掌上电脑类等类别的总售价减去类别的总成本计算出的毛利率就是"商品分类毛利率"。

毛利是绝对额指标，毛利率则是相对额指标，这两个指标揭示的意义不同。

假设一个企业销售某种商品，毛利率特别高，达到 80%。表面上看，其对企业的价值贡献很大，但实际上该商品销量仅占总销量的 2%，毛利额为 20 万元；而其他品类商品毛利率虽仅有 15%，但销量占总销量的 98%，毛利额为 200 万元。

从中我们可以看到，毛利高的商品，销量却不高，所以对企业的最终利润贡献并不大。是企业的定价太高不容易销售，或是产品小众、市场需求不大，还是没有投入足够的精力和资金进行营销活动？具体哪种情况需要结合市场调研结果进一步分析。其他商品市场需求很好，销量很大。但卖得好是因为企业营销做得好、商品有其独特性，还是市场定价偏低？这也需要了解市场情况进行分析。

由此可见，商品毛利和毛利率直接反映了企业经营的全部、大类、某种商品的盈利水平，是核算企业经营成果和评判价格制定是否合理的依据。企业需要了解本企业产品的这三种毛利和毛利率，以确定具体哪个商品或哪类商品对企业的毛利贡献大，哪种商品市场占有率高、更好卖，以调整未来的经营策略。

产品毛利率越高，说明一个企业商品的盈利能力越强。比如说茅台酒，高售价、高销量，毛利率高达 91%，净利率也高达 62%。成本低而售价高，销量也高，说明商品的市场需求性好，竞争不激烈，供不应求。

有的商品是高售价、低销量。比如说古董商店，货品具有唯一性或稀缺性，价格奇高，但销量却可能是唯一的，因此古董界有"三年不开张，开张吃三年"的说法。

有的商品则是低售价、高销量。比如说生活日用品、食品等。馒头包子不可能毛利过高，一个单品的毛利低，但薄利多销，数量多了绝对毛利额自然也会多起来。比如说沃尔玛超市就是低毛利率，但因为其销量大，所以总的毛利额还是很高的，总毛利额弥补了企业的经营费用之后，就产生了盈利。

二、边际贡献和边际贡献率

1. 边际贡献，又称边际利润，指每单位产品所产生的销售收入减去其变动成本后的余额，这个余额可能为正数（边际贡献>0），也可能为负数（边际贡献<0）

运用边际利润的盈亏分析原理，可以进行产品生产决策。

变动成本，指在销售商品时随销售额的增加而增加（减少而减少）的成本。例如，每销售一件商品，除了这件商品本身的生产或购进成本以外，还会产生的包装费、税费、销售提成、物流运费等，这些都叫变动成本。边际贡献与毛利之间的关系可以表述为如下公式：

边际贡献＝毛利-变动费用

【例3-5】某饭店原来营业到晚上11点，现在为了提升营业额和知名度，决定延长营业时间至凌晨5点。该饭店的毛利率为60%，假设延长营业时间后平均每天新增营业额为4000元。

请问：该饭店是否应该延长营业时间？

我们可以和利用边际贡献原理来进行分析。首先要找到与营业额 4000 元相关的变动成本，它包括延长营业时间后与营业额相关的食品成本、人员工资和夜班补、水电费等。假设因为延长营业时间需要员工 4 人，每人平均工资和夜班补助为 5000 元/26 天，则每天的工资费用总额为 5000×4÷26≈770（元）；水电费多耗用 6 小时，每小时 200 元，共 1200 元；食品毛利率为 60%，即成本率为 40%，成本为 4000×40%＝2400（元）。

因此，所有的变动成本为 2400+1200+770＝4370（元），边际贡献为 4000-4370＝-370（元）。

也就是说，该饭店如果延长营业时间，其创造的边际贡献小于 0，营业时间越长，饭店亏损越大，所以饭店不应该延长营业时间。

2. 边际贡献率＝边际贡献÷销售额，即边际利润中销售收入中的占比，利用它可以去计算企业的盈亏平衡点

【例 3-6】假设某电视机厂的毛利率为 30%，变动费用占销售额的比重为 10%，边际贡献率为 20%，该电视机厂全年包括固定费用（含房租、水电、固定薪酬、折旧及其他办公费用等不随销售额变化而变化的费用）共计 1 亿元。

请问：该电视机厂的盈亏平衡点是多少？

盈亏平衡，即利润等于 0，我们可以列出如下公式：

销售额×边际贡献率-固定成本＝0

把数字代入公式，销售额×20%-1＝0（亿元），由此我们可

以计算出销售额为 5 亿元，即该电视机厂的盈亏平衡点为 5 亿元。如果电视机厂的销售额低于 5 亿元，企业将产生亏损；高于 5 亿元，则产生盈利。

【例 3-7】假设电视机厂预计明年的销售额将达到 6 亿元，大概会产生多少盈利？

答：企业盈利＝（实际销售额–盈亏平衡点销售额）×边际贡献率＝（6–5）×20%＝0.2（亿元）。

或者，企业盈利＝实际销售额×边际贡献率–固定成本＝6×20%–1＝0.2（亿元）。

三、净利润和净利率

净利润＝毛利润–税费–房租–人员工资–水电物业费用–办公费用–差旅费用–广告宣传费用–各种营销费用–利息等其他所有费用，它反映出一定时期内企业的盈利总额。

净利率＝净利润÷总销售额，它反映出每一元的销售额能创造多少净利润，体现了企业的整体盈利能力。

企业必须有足够高的毛利总额覆盖企业其他费用，只有毛利弥补了费用之后才能产生净利润。净利润增加看起来是件好事，但我们不能只关注净利润绝对额的增减变动，还应该结合销售额的变化去看。如果企业的销售额增长率高于净利润的增长率，企业的净利率就会下降，说明销售额的增长是以付出更多费用为代价换来的，企业的盈利能力在下降；相反，如果净利润增长率高于销售额的增长率，说明公司盈利能力在增强。

四、销售费用率

销售费用率=产品销售费用总额÷总销售额，它反映出每得到一元钱的销售额需要投入多少销售费用，即营销效率，可用于控制营销费用总额。

销售费用主要包括广告宣传费、销售人员工资、提成、销售差旅费、电话费、业务招待费等直接为了销售而产生的各种花费。

假设某企业年度销售总额为 1000 万元，当年度产生各种营销费用为 150 万元，那么销售费用率=150÷1000=0.15，表示企业要得到 1 元的销售额，需要投入 0.15 元的营销费用。

【例3-5】大地公司 2021—2023 年连续三年的销售费用率均在 13%~15%之间。2023 年，其销售额为 4500 万元。2023 年底，公司制定的 2024 年度的销售额目标比 2023 年增长 20%。那么，2024 年度，其销售费用预算总额为多少比较合适？

答：2024 年预算销售总额=4500×（1+20%）=5400（万元）

2024 年预算销售费用总额=5400×15%=810（万元）

五、商业模式也会影响企业的毛利率

如果只看毛利率，对比周黑鸭与绝味鸭脖，我们会发现，2019 年度，周黑鸭的卤味品毛利率为 56.52%，而绝味鸭脖的毛利率为 33.81%，那我们可能会认为周黑鸭比绝味鸭脖经营的要好①。但如果再比较其他数据，情况就会发生变化：

表 3-18　2019 年周黑鸭与绝味鸭脖的毛利率计算

2019 年度数据	周黑鸭	绝味鸭脖
营业收入	31.86 亿元	51.72 亿元
其中：卤制品收入	/	49.23 亿元
销售毛利/卤制品	18.014 亿元	16.65 亿元
毛利率	56.52%	33.81%
净利润	4.074 亿元	7.91 亿元
销售净利率	12.79%	15.29%

从表 3-18 中可以看出，虽然周黑鸭的毛利率以及毛利额高于绝味鸭脖，但它的销售额和净利润额却低于绝味鸭脖。绝味鸭脖的毛利率低不是因为售价低或者生产成本高，而是因为两家的销售模式不同：周黑鸭主要是直营模式，销售价是零售价，毛利润都留在了本企业，但又因为大多是直营店，门店数量相

---

① 数据来自上市公司年度财务报告公告。

144

对较少，所以销量也相对较少，同时销售费用也较高；而绝味鸭脖基本是加盟模式，为了让合作的加盟商也赚到钱，需要让利给加盟商，销售价是批发价，所以毛利率低，但因为门店多，所以销量大，同时因为是加盟模式，企业本身的销售费用和管理费用也较低。也就是说，周黑鸭的客户主要是终端消费者，而绝味鸭脖的客户是各个加盟店；周黑鸭是零售模式，而绝味鸭脖是批发模式，毛利率不同，销量自然也不同。

小黑若有所思地想着……

小白："愣什么呢?"

小黑："我在想，影响企业利润的最终结果不仅有成本，还有业务模式啊。"

小白："是啊，所以判断一家企业的经营情况和财务情况，需要全面分析才行。不能根据一个财务报表简单判断哪个数据高了或低了，还需要结合企业的业务去看；不同的业务模式或不同行业的报表，即使财务数据相同，也不代表财务状况就相同。好了，以后我详细讲给你听，现在快把报表抄填完，还有资产负债表呢!"

小黑："好的。"

第17讲 会计记账要点③：资产负债表左右两边的合计金额一定要相等

还记得吗？资产负债表的原理是"资产=负债+所有者权益（净资产）"。所以，两边数字加起来相等是很重要的，会计人员经常会说"报表要平"，指的就是左右两边的合计金额要相等。

表3-19 资产负债表（空白表）

会计主体名称： 截止日期：年 月 日

(单位：元)

项目	金额	项目	金额
保险柜里的钱		欠养鸡场货款	
银行账户里的钱			
饭店、超市欠货款			
预存加油卡里的余额			
仓库里的鸡蛋		投资本金	
		累计赚的利润	
资产合计		负债+净资产合计	

表3-20　资产负债表

会计主体名称：美味蛋生意　　　截止日期：2023 年 2 月 28 日

（单位：元）

项目	金额	项目	金额
保险柜里的钱	0	欠养鸡场货款	30000
银行账户里的钱	4004		
饭店、超市欠货款	15950		
预存加油卡里的金额	350		
仓库里的鸡蛋	27000	投资本金	35002
		累计赚的利润	2302
资产合计	47304	负债+净资产合计	67304

小黑喊道："好了，抄完了！资产负债表也做好了，大功告成！"

小白看了一眼，说："不对啊，小黑，你这个表不平啊！"

小黑："啊？咋不平了？"

小白指了指："你看，表的左边总资产是47304 元，表的右边是负债和净资产合计是67304 元，相差20000 元啊。会计恒等式：总资产=负债+所有者权益。恒等式，就是永远相等，现在两边不等，肯定是哪里出了问题。哪里出了问题呢？我们来看看……

"我检查出来了！我们左边漏掉了一个重要的东西，小货车！对，货车是20000 元，它也是一项资产。把它加进来，两边就相等了。"

表 3-21　资产负债表（修正）

会计主体名称：美味蛋生意　日期：2023 年 2 月 28 日

(单位：元)

项目	金额	项目	金额
保险柜里的钱	0	欠养鸡场货款	30000
银行账户里的钱	4004		
饭店和超市欠货款	15950		
预存加油卡里的钱	350		
仓库里的鸡蛋	27000		
		投资本金	35002
小货车	20000	累计赚的钱	2302
资产合计	67304	负债+净资产合计	67304

小黑问："小白，我还是有点儿不明白。你说，咱们花钱买了鸡蛋，鸡蛋是货，相当于还是咱们的钱，以后卖了能换钱，不算作咱们 2 月份的费用；预存加油卡里的钱因为以后还能用来加油，相当于是存在另外一张卡上的钱，也不算作咱们 2 月份的费用。这些我都勉强可以理解，但是小货车可是咱们实实在在花的钱啊，以后咱们不会卖了换钱，它也不是预存在哪里的钱，怎么不是费用而是资产呢？"

小白道："这个有点儿复杂，我到后面给你讲。"

第 四 章

会计要素、会计科目和会计账户

第18讲 与资金不同阶段运动状态相关的
会计六要素

一、会计六要素

会计的工作对象是"资金及其运动状态",而资金是不断运动的。为了便于记录,我们对资金的不同阶段的运动状态进行命名,共分成六大类、六个名称,称之为"会计六要素"。

前三个会计要素,跟资产负债表相关,分别是资产、负债、所有者权益。这三者之间的配比金额反映了某一时间节点企业的财务状况,即资产总额是多少,其中负债多少、净资产多少。

后三个会计要素,跟利润表相关,分别是收入、费用、利润。这三者的勾稽关系①结果共同反映了一定时间内的收入、费用和利润成果。

这六个要素分别跟两个会计恒等式有关,用来对会计工作对象进行"大"的分类使用。

例如,我们常说的:

———————————

① 指账簿和会计报表中有关数字之间存在的、可据以相互考察并核对的关系。

1. 银行卡里的钱、仓库里的货、客户欠的货款，这些都是资产；

2. 企业欠供货商的货款、欠银行的贷款、欠税务局的税款，这些都是企业的负债；

3. 企业股东的投资本金、投资本金所赚取的收益（利润），这些都是所有者权益；

4. 企业销售商品的营业额就是收入；

5. 企业销售商品的成本价就是成本，也叫"配比性（与收入配比）费用"；

6. 企业发生的出差费用、房租费用、燃油费用、电话费用、工资费用等，合起来叫作"期间费用①"。

小黑："那哪些叫'利润'呢？"

小白："你又忘了，利润是计算的结果，有了收入成本和费用，两者相减就是利润。"

小黑不好意思地笑了。

二、会计六要素之间的关系

就是我们早已经学过的会计恒等式

（1）资产＝负债+所有者权益

（2）收入－费用=利润

------

① 期间费用，指费用归属于某一个会计期间。比如工资费用是 2 月的还是 3 月的，房租费用是本月的还是以后月份的。

第19讲　会计科目是对会计要素的明确区分

一、制定会计科目的初衷：给会计要素命名

为了区分不同的资产和不同的负债，仅对会计的工作对象进行"大"的分类是不够的，还需要给各个会计要素起不同的名字，以便区分彼此。因此就有了会计科目的名称，每一个名称代表一种会计要素的明细区分。

"会计科目"就相当于"姓名"二字的意思。

"这个人的姓名是什么？""王二麻子。"

"这类仓库里存放的、用来出售的商品的姓名是什么？""库存商品。"

"这些仓库里存放的、用来加工产品的物资姓名是什么？""原材料。"

"这类用来使用的机器设备、厂房等的姓名是什么？""固定资产。"

"这是客户欠我们的货款，姓名叫'应收账款'。"

"这是我们赊欠供货商的货款，会计科目叫'应付账款'。"

"这是我们欠员工的工资，会计科目是'应付职工薪酬'。"

"这是我们欠税务局的税款，会计科目是'应交税费'。"

"这是我们预先收取客户的货款，还没有给客户发货，叫作'预收账款'。"

"这是我们从银行借来的款项，需要在一年内归还，叫作'短期借款'。"

"这是我们从银行借来的款项，合同期三年，三年后才归还，所以叫'长期借款'。"

二、资产类会计科目

1. 流动资产

资产分为流动资产和非流动资产。流动资产，是指在一年内可以转变为现金的资产。比如说一般情况下，库存货物在一年内可以销售出去换回现金，客户欠的货款会在一年内收回来成为现金，这些资产就叫作"流动资产"；而非流动资产，是指转化为现金的时间超过一年的资产。

保险柜里的钱、银行户头的钱一定是流动资产，因为它本来就是现金。但为了便于管理和记录，放在公司保险柜里的钱跟放在银行户头里的钱，还有存在微信支付宝户头的钱不一样，所以需要起不同的名字。

表 4-1 流动资产类会计科目列表

资产的形态	会计科目	释义
保险柜里的钱	库存现金	指放在仓库（保险柜）里的钱
银行卡或企业户头里的钱	银行存款	指放在银行里的钱
放在微信或支付宝里的钱	其他货币资金	指不是纸币形态，也不在银行卡里的其他款项
仓库里堆放的材料	原材料	指买来需要加工成成品后再出售的材料
仓库里堆放的商品	库存商品	指可以直接出售的加工好的商品
客户欠款	应收账款	客户买走货物或接受企业的服务后，企业应该收但还没收回来的货款
预存在加油卡里的钱，预付给房东的房租等预先支付的款项	预付账款	预先支付给供货商，但实际还没有消费或还没有收到货的款项
生产工具、办公桌椅、办公用品	低值易耗品	价值较低但可以长期使用，并且使用过程中保持其物理形态不变的物品
暂时出借给员工或朋友或相关其他企业的款项或押金、保证金等	其他应收款	暂时借给他人的钱，一般将来会以现金的形式返回

2. 其他应收款和应收账款

其他应收款和应收账款，相同之处都是别人欠我们的钱，不同之处是：应收账款是客户欠我们的货款或服务款项，是源于客户购买了商品或服务而产生的一种债权，它通常对应的是主营业务收入，即企业交付了商品或服务，有了营业额的产生但又没有收到货币，这叫"应收账款"。

其他应收款不是因为购买商品或服务产生的款项，而是暂时借给或交存于某个人或某单位、未来还要收回的款项。例如，员工因出差预借的差旅费，出差返回时需要归还；交给房东的租房押金，房子停租时需要收回；交给某个单位的投标保证金，投标结束后即可退回；某位朋友为企业暂借周转资金，承诺三个月以后就会归还……这些项款都称为"其他应收款"。

3. 原材料和库存商品

原材料和库存商品都是放在仓库里的货物，但它们的用途不同。

库存商品指可以出售的货物。例如，一家面包房，烤好的面包可以出售了，面包就叫"库存商品"。而用来生产面包的鸡蛋、面粉、黄油、白糖，这些都叫作"原材料"。你去面包房是去买面包的，因为面包房可以用来出售的是面包；而你家如果包饺子需要用面粉，你会选择去粮油店购买，虽然面包店里也有面粉，但那里的面粉是原材料，企业一般不出售原材料（当然特殊情况下也会出售），只出售库存商品。

同样是面粉，在面包房叫"原材料"，但是在粮油店呢？当然是叫"库存商品"了。

4. 非流动资产

非流动资产也叫"长期资产"，相关科目主要包括固定资产、无形资产、长期待摊费用等。

表4-2　企业的非流动资产

资产的形态	会计科目	释义
办公空调	固定资产	价值较高，可以长期使用，且在使用过程中保持其物理形态不变的资产
办公桌椅		
办公柜子		
生产设备		
厂房		
办公楼		
办公汽车		
车间叉车		
专利技术	无形资产	价值较高，可以长期使用，实物形态上看不见、摸不着的资产
商标使用权		
土地使用权		
著作权		
装修费、开办费等	长期待摊费用	价值高，受益期长，未来不能变卖的资产

固定资产指有形的设备或工具等，它要符合四个条件：

（1）有形，即看得见、摸得着，如空调、沙发、生产机器设备、房屋、电脑、汽车等。

（2）购买的单位价值比较高，通常高于2000元。

（3）使用期限较长，通常超过一年，并且在使用过程中能够保持原有形态不变。

（4）拥有它的目的是使用，而不是出售。

符合以上四个条件的资产，就叫作"固定资产"。企业的生产设备、办公设备、厂房、运输设备等都属于固定资产。

无形资产除了第一个条件跟固定资产不同以外，其他三个条件都跟固定资产一样：

（1）无实物形状，看不见、摸不着，但却存在着。

（2）购买价值较高，通常高于 2000 元。

（3）使用期限较长，通常超过一年，并且在使用过程中能够保持原有性能不变。

（4）拥有它的目的是使用，而不是出售。

无形资产一般包括商标使用权、特许经营权、专利技术、非专利技术、土地使用权、著作权等。

小黑不解地问："为什么土地也叫'无形资产'呢？它可是看得见、摸得着的呀！"

小白："因为在咱们国家，土地为国家或集体所有，个人和企业都不拥有土地的所有权，只拥有使用权。既然是使用权，当然就看不见、摸不着了！"

长期待摊费用的名字里带有费用，但它不是费用，而是资产。不过，早晚有一天它会全部变为费用。它跟固定资产的定义条件其实也是一样的，唯一不同的是，固定资产未来有单独变卖出售的可能，而长期待摊费用却不可以。

例如，一家五星级酒店在开业前花费 1000 万元购买了电视机、空调、电脑、家具等办公经营设备，并投资了 2000 万元对酒店内部进行了装修，预计下一次装修在 10 年之后。我们把用于购买电视机、空调等 1000 万元的部分形成的资产叫作"固定资产"，而把 2000 万元的装修费称为"长期待摊费用"，因为如果未来电视机、空调不用了可以出售变现，但是刷在墙上的漆、铺在地上的砖、吊在天花板上的顶棚，这些都没有办法拆下来销售变现。所以，我们将这一类费用金额大、受益期长（本例中是 10 年）又不同于固定资产的长期投资，命名为"长期待摊费用"。

固定资产、无形资产、长期待摊费用是非流动资产的典型代表，它们的预计使用期限都超过了一年，受益期在一年以上，所以它们的变现期也在一年以上。

5. 固定资产和库存商品

固定资产和库存商品都具备实物的形态，但一项资产究竟是叫库存商品还是叫固定资产，需要看持有它的目的：如果是为了自己使用，就叫"固定资产"；如果是为了销售，就叫作"库存商品"。

例如，某汽车 4S 店内有一台用来试驾的汽车和许多用来出售的商品车，试驾车叫"固定资产"，而商品车就叫作"库存商品"；某公司办公室内有一台办公用的空调，国美电器公司的销售卖场内也有许多空调，前者叫"固定资产"，后者叫作"库存商品"。

6. 固定资产与低值易耗品

低值易耗品指价值低或易损耗，使用期限超过一年，通常在实际使用过程中会保持原有形态不变的资产。它跟"固定资产"很像，但是跟固定资产比起来，它的价值偏低，如果也划定一个金额标准的话，一般高于200元，低于2000元的叫作"低值易耗品"。

例如，一台喷墨打印机550元，一张办公桌300元，一个文件柜450元。这些资产在使用过程中可以跟一台价值5000元的空调、50万元的设备一样保持原有形态不变，但因为价值太低，所以我们不称它为"固定资产"，而称它为"低值易耗品"（价值低，易损耗）。

小黑："那20元买的拖把，50元买的计算器，150元买的花瓶呢？它们也可以使用很长时间，它们叫什么呢？"

小白："它们叫作'办公费用'，因为价值低于200元，所以连低值易耗品也算不上，直接计入购买当期的期间费用。"

7. 固定资产的损耗计算方法和低值易耗品的摊销方法

低值易耗品的摊销方法一般有"一次摊销法"和"五五摊销法"两种。

一次摊销，即购进的当月把全部金额计入当月的费用。

五五摊销，即购进的当月把一半的金额计入当月的费用，另一半金额等到低值易耗品用坏或淘汰掉的那个月再计入当月的费用。

如果采用一次摊销法，把低值易耗品的全部金额计入当期的费用,那么其资产金额相当于 0 元,自然不会表现在资产负债表上,但实物资产却还在,所以会计人员还需要另外设置"备查表"登记管理低值易耗品的实物使用状况。

表 4-3 低值易耗品备查明细台账

序号	使用部门	固定资产名称	购入时间	数量	单价(元)	采购金额(元)	使用状态
1	办公室	打印机	2023 年 3 月	1	1200	1200	在用
2	办公室	办公桌	2023 年 3 月	1	900	900	在用
3	办公室	办公椅	2023 年 3 月	1	588	588	在用
4	财务室	装订机	2023 年 3 月	1	350	350	在用
5	人力资源	考勤机	2023 年 3 月	1	1200	1200	在用
6	办公室	饮水机	2023 年 3 月	1	620	620	在用
7	办公室	小茶台	2023 年 4 月	1	1500	1500	在用
8	销售部	小推车	2023 年 5 月	2	500	1000	在用
9	办公室	花架	2023 年 5 月	2	480	960	在用
合计						8318	

固定资产一般按照预估的使用年限摊销。在预计的使用年限内逐月摊销,将计算出来的损耗计入当期费用,从而减少当期利润。具体摊销方法见第 24 讲。

8. 应收账款和预付账款

应收账款和预付账款都是资产类科目。

不同的是,应收账款的目的是销售自家商品以换取营业额,未来希望收到"钱",而不是其他;预付账款是计划购买别人家的商品而提前支付的货款，未来希望收到"货"而不是钱。

三、成本类会计科目

1. 生产成本

在产品的生产过程中，原材料被领用，用到了正在加工的产品中，在产品完工达到可以销售的状态之前，它不再适合被称作"原材料"，因为不能达到销售状态，也不能被称作"库存商品"，所以这种"在加工"的状态，就叫作"生产成本"。

成本类会计科目本质上也是资产类会计科目，它只是把待售货物在加工中的特殊过程进行了单独归类。

例如，对于一家面包店来说，原材料是白糖、奶油、面粉、鸡蛋等，把原材料从仓库中领用出去，放进烤箱中，几分钟就能得到香喷喷的面包。对会计人员来说，"原材料"减少，价值转移到了"库存商品"中去。会计人员记录资金运动状态时，可以直接记录"原材料减少，库存商品增加"。

而对一家造船厂来说，原材料是钢板、螺丝、各种零配件，领用原材料进行生产需要很长的生产周期，有时甚至需要5—10年才能造出一艘船。轮船只有在造好之后，即达到可以销售的状态才能成为"库存商品"，而会计又要分期出具报表，到月末，原材料没了，又没有形成库存商品，该怎么记账呢？这生产了一半的产品叫什么呢？

专家就给它起了个名字，叫"生产成本"。生产成本其实是从原材料到库存商品的中间状态，其本质也是一种货物，所以在大类上也归属于资产类。而由于生产成本这个会计科目比较特殊，所以需要单独给它归属一类——成本类会计科目。

2. 制造费用

生产成本包括可以直接归属到一件产品上的专用原材料费和专用人工费，也包括分配计入的一些间接生产费用，如生产设备的折旧费、修理费，车间的照明用电费、用水费、用气费，车间管理人员工资等。这些间接生产费用被称为"制造费用"，因它无法直接归属到某个产品的价值内，所以产生时会被先集中到制造费用名下，到月末，再根据既定的分配规则把制造费用分配计入到各个产品的成本中去（图4-2）。所以，制造费用到月末是没有余额的。

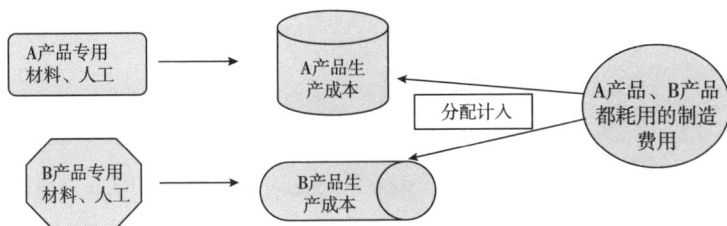

图4-1　制造费用分配示意图

从表4-4中可以看出，制造费用月末无余额，其余额会在月末采用一定的方法分配计入到生产成本中去。具体的分配方法本书暂不详述。

表 4-4　制造费用的分配案例　　　　（单位：元）

总账科目	二级科目	三级科目	日常增加额（元）	月末减少额（元）	备注
生产成本	A产品	直接材料	20000		A产品直接耗用的材料
		直接人工	30000		A产品耗用的人工费
		制造费用分摊	8000		月末从制造费用中分摊过来的
	B产品	直接材料	35000		B产品直接耗用的材料
		直接人工	28000		B产品耗用的人工费
		制造费用分摊	13000		月末从制造费用中分摊过来的
制造费用	设备折旧费		5000	5000	月末分摊计入生产成本
	厂房折旧费		6000	6000	月末分摊计入生产成本
	间接人工费		5000	5000	月末分摊计入生产成本
	水电费		3500	3500	月末分摊计入生产成本
	修理费		1500	1500	月末分摊计入生产成本
	制造费用小计		21000	21000	

164

此外，从表4-5中我们还可以看出，到月末，生产成本需要在完工产品与未完工产品之间做一个分配（具体的分配方法本书暂不涉及），从而让部分价值由生产成本转入完工产成品内。其余额将转入下个月的生产成本内，再加上下个月产生的生产成本，在次月末核实完工产品和在生产产品数量后，重新实现部分价值由生产成本转入完工产成品内的过程，继而循环再循环……

表4-5　生产成本在完工产品与未完工产品间的分配

（单位：元）

总账科目	二级科目	三级科目	日常增加额（投产100件）	月末减少额（转入"库存产成品"）	余额（依然留在"生产成本"中，转入下个月）	备注
生产成本	A产品	直接材料	20000	16000	4000	月末完工80件，在生产产品20件
		直接人工	30000	25500	4500	
		制造费用分摊	8000	6800	1200	
	A产品生产成本小计		58000	48300	9700	
	B产品	直接材料	35000	21000	14000	月末完工60件，在生产产品40件
		直接人工	28000	19600	8400	
		制造费用分摊	13000	9100	3900	
	B产品生产成本小计		79000	49700	26300	

总账科目	二级科目	三级科目	日常增加额（投产100件）	月末减少额（转入"库存产成品"）	余额（依然留在"生产成本"中，转入下个月）	备注
库存商品（产成品）	A产品（80件）		48300			入库80件，每件生产成本＝48300÷80＝603.75（元）
	B产品（60件）		49700			入库60件，每件生产成本＝49700÷60≈828.33（元）

扩展知识5　企业的成本都有什么？

一、按重要性来分，企业的成本有三个：决策成本、管理成本、生产成本。

第一，决策成本，或者说是思维成本、战略成本。

举个简单的例子，老板决定买5万元一张的办公椅还是5000元一张的办公椅？在做出决定时，未来的成本就已经产生了，而这个成本，作为下属员工，再怎么努力都是降低不了的。

再举个大一点的例子。1999 年，马云在刚刚拿到高盛牵头的 500 万美元后，又获得了软银 2000 万美元投资。在获得大量投资后，阿里巴巴加快了"国际化"步伐，在硅谷开了家分公司，之后还迅速在香港、伦敦等城市扩张，公司内部认为要国际化，阿里巴巴网站就必须搬到美国。并且为了国际化更彻底一点，阿里巴巴甚至直接把总部从杭州搬到了香港。在公司"国际化"进程中，阿里巴巴内部的声音变得杂乱，美国的分公司要求发展电子商务解决方案，为大企业解决交易问题；香港公司让马云以华尔街较为看重的"中华网"作为榜样。马云意识到阿里巴巴开始失控了，阿里巴巴被迫战略收缩，裁员并关闭海外事业部。2001 年 1 月，经过一番折腾，阿里巴巴的账上只剩下 700 万美元，更要命的是，阿里巴巴此时还没有找到一条赚钱的路。

智纲智库的王志纲老师说，如果拿种一棵树来比喻，战略就是决定是否种一棵树。如果种，种什么树，种哪里？怎么种？是啊，究竟是种一棵金丝楠木树还是种一棵苹果树，这决定了未来完全不同的成本构成。

第二是管理成本。

好的管理会提升效率、降低成本；而不好的管理则会造成信息不畅通、部门墙严重、浪费严重（包括物质的、人力的、资源的）、工作效率低下。那什么是好的管理？我总结了"五化"如下：业务流程化、制度清晰化、操作模板化、职责明确化、培训沟通日常化。合理的业务流程，科学完善的组织架构，明确的岗位职责、常规化工作形成固定模板，良好的部门间沟通协调机制，这些都奠定了良好的管理基础。

第三是生产经营成本。

选用什么品质的原材料、节约水电、节约办公费、费用预算控制、减员降酬等，这些措施都是降低生产经营成本的手段。但值得再次提醒的是，如果成本投入是一项必需的投资，那么降低生产成本的投入就不是一个明智的选择。管理者需要区分究竟哪些选择是投资，哪些选择是浪费。

二、其他角度上来区分成本

1. 根据成本与业务量之间关系可分为变动成本和固定成本。

销售人员的销售提成是变动成本，但销售人员底薪和社保费用就是固定成本。固定成本一般不随销售额的变化而变化。

2. 根据成本与产品之间的关系划分为产品成本和期间费用。

如，农夫山泉矿泉水的产品成本中包括了瓶盖、瓶身、饮用水、外标签等，这些成本在瓶装水未销售前表现在"库存商品"中，销售后表现为"主营业务成本"；销售部办公室按月产生的水电费、差旅费均表现在"销售费用"中。

3. 根据成本与决策的关系可划分为相关成本与非相关成本。

如，企业是买生产设备还是租生产设备，要考虑的资金成本、折旧成本、租金成本、设备的技术变化、市场替代性等因素，这些是相关成本；生产工人的工资、生产原材料等这些就跟这项决策无关，就不需要考虑了。

4. 根据成本是否可以控制划分为可控成本与不可控成本。

如上文举例的阿里巴巴拓展或收缩海外事业部，海外事业部的人员费用、房租费用对于决策层来说是可以控制的成本，但对于执行层的员工来说，就是不可控费用。很多企业为激励业绩或利润的增长，会把一些部门进行独立核算，以考察部门利润，会计上会把这些部门称为利润中心。如果我们要让两个相似的利润中心进行利润 PK，那么下面两个利润计算指标我们应该选取哪一个呢？

指标 1：部门利润 = 部门收入 - 部门可控费用 - 部门不可控费用

指标 2：部门利润 = 部门收入 - 部门可控费用

四、负债类会计科目

像资产分为流动资产和非流动资产一样，负债也分为流动负债和非流动负债，也叫"短期负债"和"长期负债"。归还时间在一年或一年以内的欠债叫作"流动负债"，而归还时间在一年以上的欠债叫作"非流动负债"。

表 4-6　负债类相关会计科目

类别	会计科目	释义
流动负债 (短期负债)	短期借款	从银行或金融机构借贷出来，需要在 365 天内归还的钱
	应付账款	接受了他人的货物或服务，应该支付货款，但实际赊欠的钱
	应付职工薪酬	提前算出员工工资表，但工资到期并未发放，欠员工的各种应付报酬
	应交税费	月末提前计算出来的应交未交的欠税务局的税款
	预收账款	提前收了客户的货款，但货物还未交付，形成欠债，将来需要拿货物来还债
	其他应付款	从他人处取得的无须付息的周转资金，或收取的押金、保证金等
非流动负债 (长期负债)	长期借款	从银行借来的归还期在 1 年以上的欠债
	应付债券	企业向社会公众募集资金，到期需要归还本息的有价证券

1. 应付账款和预收账款的异同

应付账款和预收账款都是负债类科目。

应付账款是从他人处购得货物、固定资产或服务，应支付而未支付的货款，将来需要用"钱"来还。

预收账款是他人计划从本企业购进资产或服务而提前支付

给本企业的钱。将来本企业需要拿"货或服务"来还。偿还之后，才会形成本企业的营业额，继而产生利润，而在未偿还之前，始终是欠他人的债。

美发店的储值卡、教培中心预收的学生学费、顾客在餐厅办理的预存储值卡等，在客户未真正消费之前，都是企业的一项欠债，如果将来偿还不了服务，就需要退款给客户。

对一个企业来说，如果企业的生产交货能力没有问题，那么预收账款越多越好，它表明企业的产品市场竞争力强，或者在交易双方中占更多的主导地位。

预收账款越多，说明占用客户资金的能力越强，企业的产品市场需求越大。如果没有大的投资项目要花钱，一般这样的企业资金还是比较充裕的，不太容易陷入资金困局。但是，预收账款多也不代表企业就一定会盈利。有的企业预收账款特别多，但是产品却不盈利，用预收账款填补了企业经营亏损的资金缺口。作为企业老板，看到账户里有钱就盲目乐观，在花钱方面大手大脚，把客户预交的货款都给花掉了，这样将来如果无力交货，麻烦就来了。

俞敏洪的新东方教育有自己的企业原则——无论什么时候都不花学生的预存学费，账面上一直留有足够的资金。后来我们都知道，在国家教育改革的环境下，新东方虽然经营大大收缩，关闭了很多教学网点，但依然有足够的资金退还学生的学费，从而赢得了市场的一致尊重。

2. 应付账款和其他应付款

应付账款和其他应付款都是负债类科目，将来都需要用

"钱"偿还。

应付账款是从他人处购得货物、固定资产或服务，尚未支付货款，从而形成的负债。

其他应付款是直接从他人那里暂借到的一项资金，并没有产生货物或服务买卖业务，如收取的押金、保证金、从他人处借到的短期周转不需要支付利息的借款等，到期或达到一定条件就需要偿还给他人。

五、所有者权益类会计科目

表 4-7　所有者的权和益相关会计科目

类别	会计科目	释义
所有者的权	实收资本或股本	企业实际收到的投资本金；在注册资金限额内，投资人累计投入企业中，作为实缴投资款的资金
所有者的益	盈余公积	按照法律规定从利润中提取的留存发展基金，股东不能分配
	未分配利润	企业累计实现的盈利，股东尚未做出分配决议

股东投资企业是为了赚钱，赚到的钱会以分红的形式从企业的"口袋"转入股东的"口袋"。分红时要履行一定的法律形式和手续，如召开股东会形成分红决议内容，股东签字确认，出纳人员付款，会计人员进行账务处理等。累积利润分配后会减少，现金支付利润分配金额后现金也会减少。

对于企业形成的利润，法律规定当年度实现的利润必须提取至少10%的法律规定的公积金，命名为"法定盈余公积"，以备企业未来弥补亏损或发展之用，不能用于股东的红利分配。但是，累积的盈余公积提取总额达到注册资本的50%时，可以不再提取，企业以后形成的利润都可以作为股东分红。

【例4-1】某企业的注册资金为100万元，在成立当年，企业盈利共计50万元。请问：该企业当年度最多可以给股东的分红是多少？

答：先从利润中提取5万元作为盈余公积，不能分配。其余45万元可以全部分给股东，但如果股东会决议只给股东分红20万元，其余25万元不做分配，暂留在企业，那么股东的实际分红最多只能是20万元。如图4-2所示，分配之后，原来的50万元未分配利润就变为三份：一份是留在企业的盈余公积5万元，一份是留在企业的未确定用途的利润25万元（这两份企业都不需要实际拿出资金），一份是已做分配的20万元（这一份企业需要用现金支付给股东）。

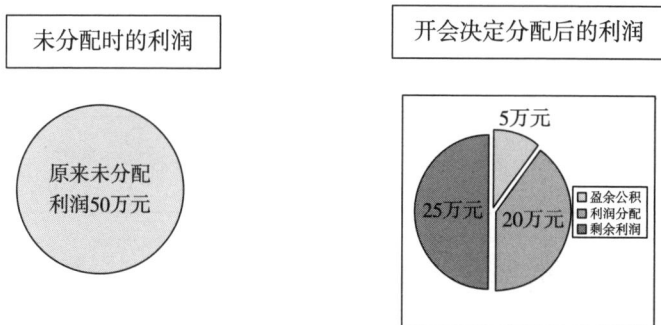

图4-2　企业利润分配示例

六、损益类会计科目①：收入类（益类）和费用类（损类）的相关会计科目

1. 收入类的科目

主要包括主营业务收入、其他业务收入、营业外收入三个科目名称。

2. 费用类的科目

主要包括主营业务成本、其他业务成本、税金及附加、销售费用、管理费用、财务费用、营业外支出、所得税费用等科目名称。

3. 具体科目名称细分

（1）收入，即销售额。它是利润的增项，收入增加，利润就会增加。

表4-8 收入类会计科目

会计科目	释义
主营业务收入	企业主要产品出售或主要服务项目带来的营业额
其他业务收入	企业非主要业务或产品带来的营业额

（2）费用，它是利润的减项，费用增加，利润就会减少。费用按照不同的类别有不同的名称。

表 4-9　费用类会计科目

费用细分类别	会计科目	释义
配比性费用	主营业务成本	销售经常发生的主要经营的商品的采购成本
	其他业务成本	销售不常发生的非主要经营商品或服务的采购成本
期间费用	税金及附加	企业缴纳的除增值税、企业所得税、个人所得税外的各种税费
	销售费用	主要是为营销商品而产生的各种费用，如销售或市场人员的工资、提成、奖金，以及广告宣传费、差旅费、促销费、商品维修费等
	管理费用	主要是不直接销售商品的企业后勤部门产生的各种费用，如财务部、人力资源部、行政部、网络维护部等产生的各类费用
	财务费用	主要指组织财务工作的必需费用，如借款利息、银行转账手续费、POS 机手续费、物流代收货款手续费等
	所得税费用	指企业依据盈利额应上交国家的企业所得税额

　　广义的费用包括所有引起利润减少的项目，狭义的费用通常指与企业日常经营有关的会引起利润减少的项目。如果再细分，又可以把费用划分为"配比性费用"和"期间费用"两类。主营业务成本和其他业务成本称为"配比性费用"（有收入就有成本，无收入就无成本），而销售费用、管理费用、财务费

用称为"期间费用"，它强调费用产生的所属时段。

表4-10 配比性费用和期间费用的内容

费用性质	费用名称
配比性费用	主营业务成本
	其他业务成本
期间费用	销售费用
	管理费用
	财务费用

配比性费用和期间费用的不同是：配比性费用是指向产品的，是具体对象化了的费用，而期间费用是指向某个会计期间的，无法具体归属到某个商品上。

配比性费用因销售额的产生而产生，有销售额就有销售成本（主营业务成本），没有销售额就没有销售成本或服务成本。

期间费用因费用必定属于某一会计期间而得名，它不因销售额的产生而产生，是企业没有销售额也可能会发生的各项费用。

【例4-2】某书店每个月的房租费用为5000元，雇用两名员工，每个月的工资费用为10000元。2020年2月，该书店因新冠疫情未营业，所以销售额为0元。那么，销售成本，即主营业务成本也为0元，但期间费用仍然有15000元（包括当月的房租费用5000元和工资费用10000元）。

该书店的利润计算过程如下。

0-0-15000＝-15000（元）

【例4-3】该书店 2020 年 3 月 26 日正式开门营业，当月只营业 4 天，共计售书 2 本，销售额为 120 元。这两本书的购进成本为 40 元，当月仍然发生房租 5000 元，员工工资 10000 元。

该书店的利润计算过程如下。

120-40-15000＝-14020（元）

由以上两个例子可以看出，主营业务成本和主营业务收入是相伴相生的，所以它又被称为"与收入相配比的费用"。

该书店因受疫情影响，书籍销售业绩不佳，所以书店购进了饮料、方便食品和口罩。疫情期间，销售这些物品比售书的营业额还高。这些物资的销售虽然也会带来销售额，但因为不是书店的主营业务，所以这部分销售额叫作"其他业务收入"。相应地，饮料、方便食品、口罩等的销售成本叫作"其他业务成本"。

（3）利得，简单来说就是企业的非经营性收益，源自偶发性。

表4-11　利得类会计科目

细分类别	会计科目	释义
利得类	营业外收入	企业非正常经营行为产生的收益，如政府补助、收到他人的捐赠等

（4）损失，是指企业在非日常生产经营活动中发生的、会导致所有者权益减少的、与向所有者分配利润无关的经济利益的流出。

表4-12　损失类会计科目

细分类别	会计科目	释义
损失类	营业外支出	企业非正常经营行为产生的支出，如捐赠他人的支出、违反环保法罚款、税收违法罚款等

增加收入和利得之后的利润报表如下。

表4-13　利润报表（示例）

会计主体名称：　　　　　　　　　　所属期间：年　月

分类	行次	项目	累计金额（元）
收入类	1	营业收入	1000
	2	其中：主营业务收入	1000
	3	其他业务收入	0
配比性费用	4	营业成本	800
	5	其中：主营业务成本	800
	6	其他业务成本	0
期间费用	7	税金及附加	2
	8	销售费用	300
	9	管理费用	200
	10	财务费用	3

（续表）

分类	行次	项目	累计金额（元）
	11	营业利润	−305
利得	12	营业外收入	500
损失	13	营业外支出	0
	14	利润总额	195
	15	所得税费用	15
未分配利润	16	净利润	180

·营业利润=营业收入−营业成本−税金及附加−销售费用−管理费用−财务费用

·利润总额=营业利润+营业外收入−营业外支出

·净利润=利润总额−所得税费用

扩展知识6　**收入和利得**

收入，又称"营业收入"，它包括主营业务收入和其他业务收入。

利得，即"非营业收入"，主要指营业外收入。

二者相同之处在于，它们的增加都会让利润增加；二者的不同之处在于，收入是经常性发生的，是企业赖以生存的基础，而营业外收入是不经常性发生的，企业不能凭借营业收入之外的利得长期生存。

看企业的盈利状况不能只看最终的结果，还应该看其利润构成。如果一个企业利润报表的净利润很高，但是营业利润却很低，说明这个企业的经营是不健康的。虽然最终的盈利为正数，但是主营业务的经营利润却是负数，这说明企业最终的盈利来源于利得，这样的盈利状况是不可持续的。

如果看到一家企业的报表像表4-13一样，我们需要去核实其营业外收入究竟是什么原因产生的，可以通过查阅资产负债表的附注（文字说明）去发现部分原因。

如果核查后发现企业的营业外收入来源于出售在用设备，就需要去了解企业是因为经营亏损不得不变卖资产取得现金，是因为市场萎缩、设备闲置而出售，还是拟更换设备而出售。

扩展知识7　　费用和损失

费用是企业正常经营行为产生的，是经常性发生的，是企业取得收入或盈利必须花掉的支出。

一方面，企业的费用是一项必然的投资，没有费用就没有收入，那么自然也就没有利润。另一方面，因为"利润＝收入−配比性费用−期间费用"，费用越低，企业的盈利就会越高，所以企业的利润管理要求我们必须尽量降低各项费用，以提升利润。

但是，降低成本不是以偷工减料、损害产品质量、恶意降低工人薪酬福利和伤害社会效益（如非法排污、偷逃税款）为代价而获得的，企业必须以合理合法、优化管理的方式去降低成本。例如：批量采购以获得成本低价，当然还需要考虑储存成本；通过精益化管理减少原材料、人工的不必要浪费；改变生产工艺、节约材料、研究新技术以节约人工成本；加快库存货物的周转速度以降低资金的占用比例，减少资金利息；减少不必要的奢侈消费；制定合理的赊销政策以减少企业的坏账损失；运用新机器、新技术减少残次品的产生；合理进行业务筹划以降低税收成本，等等。以上这些才是降低费用和成本的正确方式。

期间费用控制的方式主要为制定合理的费用管控制度，避免浪费。

1. 预算总额控制，如根据以往的数据测算，销售费用总额控制在销售收入的8%以内，管理费用总额控制在100万元以内等。

2. 销售费用包干，如返利佣金等为销售收入的2%，节约归己。

3. 限额报销，如二线城市出差住宿费 200 元/晚，餐费津贴 80 元/天，电话费 100 元/月，招待费根据招待客户类别人均 50—200 元不等。

4. 制度控制，如打印纸双面使用、下班后责任人人走灯灭、业务招待及招待标准预申请、确定哪些情况下可以申请使用公车、乘坐交通工具的舱位级别、对不同客户进行不同的授信标准、减少坏账的产生等。

5. 流程管理，如采购合同需要货比三家、逐级审核，以确定款项的支付方式与发票的取得（会影响税收）；内部材料的收发流程登记，便于提高效率、准确核算生产成本，从而指导销售价格；固定资产办公用品等的预算审批，利于事前管控。

…………

损失不是企业必须发生的，是可以避免的，是跟企业的主营业务没有必然关系的支出，如企业对外的捐赠、税收违法滞纳金和罚款等。

七、损益类会计科目②：公允价值变动损益、投资收益、其他收益、资产减值损失

公允价值变动损益、投资收益、其他收益、资产减值损失都是损益类科目。

公允价值变动损益指企业持有的股票、债券等因市场价变动而产生的盈亏，但实际上股票或债券并未出售，只是市场价涨或跌了。我把它称为"持有收益"。

投资收益指企业以自己的名义对外投资获取的实际收益，如购买债券股票的利息股息，从子公司取得的分红收益等。由于企业已经收到了现金，所以我把它称为"落入口袋的收益"。

例如，得益于房价的上涨，北京、上海的许多原居市民或者多年前以低价购得房产的人，身价按千万计。但是如果房子只住不卖，这个"赚"得的千万资产也只是一个数字。这样的千万收益，我们把它称为"公允价值变动损益"。而房产如果真的卖出去了，换得千万现金，这时"公允价值变动损益"转化为"投资收益"，才落袋为安，成为"落袋收益"。

"其他收益"主要指企业日常活动产生的政府补助。

"资产减值损失"指企业货物的减值损失、应收款项的坏账损失、固定资产减值损失等（本书不细讲，对这些科目感兴趣的朋友可以去看会计职称考试专用教材）。

八、总结：会计科目的分类

六类会计要素分别对应五大类会计科目。

表4-14 会计要素包含的会计科目类别

会计要素	包含的会计科目类别	合并名称	释义
资产	资产类	资产类会计科目	会计报告中资产类收支的科目
资产	成本类	成本类会计科目	成本类科目，是给在生产加工过程中尚未完工的产品起的名称
负债	负债类	负债类会计科目	企业记录负债情况的重要科目
所有者权益	所有者权类	所有者权益类会计科目	代表科目"实收资本"
所有者权益	所有者益类		代表科目"未分配利润"
收入	益类	损益类会计科目	益，即收益；收入、利得属收益类科目
费用	损类		损，即损失；费用、损失属亏损类科目

小黑："为什么会计要素中的'利润'没有对应的会计科目大类呢？比如叫'利润类会计科目'？"

小白："因为起会计科目名称是为了会计记录的需要和方便，而利润在日常中是不需要记录的，只需要记好收入和费用，最终的利润是二者相减得到的一个结果。所以，既然不需要记录，也就不用起名字了。"

　　小黑："但最后还是有一个'未分配利润'来代表它。"

　　小白："是的，虽然有这个会计科目，但也只是为了表示一个计算的结果，它最终还是表现在资产负债表'所有者权益类'中。"

　　小黑："嗯，那到底什么叫'成本类会计科目'呢?"

　　小白："你可以参考表4-15。"

表4-15　成本类会计科目要点

是否看得见	会计科目	释义
看得见的外在成本材料费和看不见的内在成本人工费	生产成本	指能够直接归属于某个产品的直接人工费、直接材料费等，比如专门生产A产品的原材料消耗就是A产品的直接材料费（看得见）、专门生产A产品的工人工资就属于A产品的直接人工费（看不见）
看不见的内在成本，如生产设备损耗、水电费、厂房租金等	制造费用	指不能够直接归属于某个或某类产品的间接生产费用，比如车间厂房的折旧费、车间的水电费、生产车间主任的薪酬、机器设备的修理费、折旧费等；因为车间内不止生产A产品，还生产B产品、C产品等，所以这一类不能直接归属于具体某个产品的生产费用就单独归集到这个科目下

第20讲 会计账户=会计科目名称+具体的账页格式

一、什么是会计科目？什么是会计账户？

会计科目（简称"科目"）即会计科目名称，会计账户（简称"账户"）即"会计科目名称+具体的账页格式"。

或者说，科目只是一个姓名，账户更加具象化，可以登记增减、计算余额。

如表4-16所示的"库存现金"。

表4-16　科目名称：库存现金　　　　（单位：元）

年度	日期	凭证编号	内容摘要	金额增加（左边栏）	金额减少（右边栏）	余额（第三栏）
2023	1月1日		股东小白、小黑投资	2		2
2023	1月2日		购买鸡蛋2个×1元		2	0
2023	1月9日		收回欠鸡蛋货款	4		4

表4-16里所有内容合起来，就叫作"库存现金账户"，表示这个账户记录的是"库存现金"这个会计科目的增减变化。

如表4-17"应付账款"，这四个字是个会计科目。

表4-17　账户名称：应付账款　　　　　（单位：元）

年度	日期	凭证编号	内容摘要	金额增加（左边栏）	金额减少（右边栏）	余额（第三栏）

表4-17里所有的内容合起来，就叫作"应付账款账户"，表示这个账户里记录的是应付账款这个科目的增减变化。

会计科目的确定只是对会计工作的内容进行了分类，要想连续记录各项经济业务、反映其增减变动情况和余额，还必须为每个科目开设账户（或者叫"账页"）。

账户是根据会计科目开设的，是分类连续记录各项经济业务、反映各个会计要素增减变化情况及其结果的一种手段。设置账户是会计记账、核算的一种专业方法。

账户的格式一般包括：

（1）账户名称，即会计科目名称。它说明了账页上记的是什么账，或者说哪个科目的增资变化。

（2）日期和内容摘要，即经济业务发生的时间、具体原因和内容。

（3）凭证编号，即账户记录的来源和依据具体是哪个随手记录的"小纸片"上的内容。

（4）增加和减少的金额及余额（三栏：左边栏、右边栏、余额）。

二、账户的发生额和余额

账户会连续不断地记录经济业务的增加和减少金额，每一笔金额在增加和减少后都会有新的余额出现。因为会计是分期（按月）核算、按月出具报表的，所以到月末需要把各个账户的当期增加总额、减少总额和余额计算出来，以核对账目、出具报表。

账户中的金额包括几个概念，即：期初余额、本期（总的）增加额、本期（总的）减少额、期末余额。

期末余额=期初余额+本期增加额−本期减少额

其中，本期的期初余额即上期的期末余额；余额包括期初余额和期末余额；本期增加额和本期减少额都称为"本期发生额"，也叫"本期借方（左边栏）发生额"和"本期贷方（右边栏）发生额"。

表 4-18 账户名称：库存现金 （单位：元）

年度	日期	内容摘要	第一栏 金额增加（左边栏）	第二栏 金额减少（右边栏）	第三栏 余额（第三栏）
		上年数据转入（期初）			2000
2023	1月2日	支付水电费		500	1500
2023	1月6日	支付临时工工资		1200	300
2023	1月10日	从银行账户取现金	10000		10300
2023	1月15日	支付马小刚报销差旅费		1500	8800
2023	1月20日	支付修理费		500	8300
2023	1月22日	支付徐亚报销办公用品		1600	6700
		本月发生额合计	10000	5300	6700

表 4-18 中，库存现金期初余额为上年末，即 2022 年 12 月 31 日的数据余额 2000 元。2023 年 1 月新增 10000 元，减少 5300 元，本年度 1 月末余额为 6700 元。

月末余额＝上月末余额＋本月左栏发生额－本月右栏发生额＝ 2000＋10000－5300＝6700（元）

表 4-19　账户名称：应付账款——绿叶公司　（单位：元）

年度	日期	内容摘要	第一栏 金额减少（左边栏）	第二栏 金额增加（右边栏）	余额方向	第三栏 余额（第三栏）
		上年数据转入			贷方	30000
2023	1月8日	赊购货物一批		50000	贷方	80000
2023	1月12日	支付货款	20000		贷方	60000
2023	1月14日	支付货款	100000		借方	40000
2023	1月22日	赊购货物一批		100000	贷方	60000
2023	1月25日	支付货款	20000		贷方	40000
2023		本月发生额合计	140000	150000	贷方	40000

表 4-19 中，应付账款期初余额为上年末，即 2022 年 12 月 31 日的余额为 30000 元；本年度新增 150000 元，减少 140000 元，余额为 40000 元。

月末余额＝月初余额＋本月右栏发生额－本月左栏发生额＝ 30000＋150000－140000＝40000（元）

我们看现金账户和应付账款账户的不同（以下 3 条内容学习第七章之后再回来看，会更清晰明白）：

1. 现金账户的增加记左边栏，减少记右边栏。库存现金、银行存款、库存商品等不可能在没有钱或货的情况下支付，不可能出现负数余额，所以通常借方发生额大于等于贷方额，余额方向栏在借方（左边栏），余额最低为 0 元。

2. 应付账款的增加记右边栏，减少记左边栏，它跟现金账户相反。一般情况下，应付账款余额应该在贷方（即增加数大于减少数），表示企业收到货但未支付货款的余额；但有些情况下，应付账款余额也可能在借方（即增加数小于减少数），表示企业多付了货款，供货商需退回货款或者再补发货物冲减多付的货款。

3. 除了它们的增加或减少记的左右栏方向不一样外，其余额的计算都遵循"期末余额＝期初余额＋本期增加额－本期减少额"这个恒等式。

第21讲 会计科目和会计账户的设置视企业而异

一、一级科目和明细科目

一级科目，也叫"总账科目"，通常是在国家颁布的会计准则中规定的，企业也可以根据自己内部的特殊情况增加一些一级会计科目。

近年来，会计准则不断发生变化和调整。例如，"库存现金"这个科目名称是从早期的"现金"调整过来的；"应交税费"是由"应交税金"（记录税）和"其他应交款"（记录费）两个科目合并而来的，用以记录所有应交而未交的税费；现在，新会计准则在原来的"预收账款"科目下又延伸了更明细的核算，如"合同负债"等会计科目。随着经济业务的新类型不断出现，会计准则也在不断进行调整和完善。但不管怎么改变，经济业务的本质不变。

一级会计科目是用来对同一经济性质的业务或资产进行归类的，但仅有一级会计科目，对企业的会计核算是不够的，因为每个企业的实际情况千差万别，需要更明细的记录才能把账务记清楚。

【例4-3】某企业在银行开设有三个银行账户：工商银行、农业银行、建设银行。这三个账户中的存款属于同一类，都归属于"银行存款"这个科目下。但是，要想记清楚每个明细账户的发生额和余额，还必须对每个银行进行分开记录，所以"银行存款"就叫作一级科目，而"银行存款——工商银行""银行存款——农业银行""银行存款——建设银行"这样的设置就叫作二级科目或者明细科目（图4-3）。

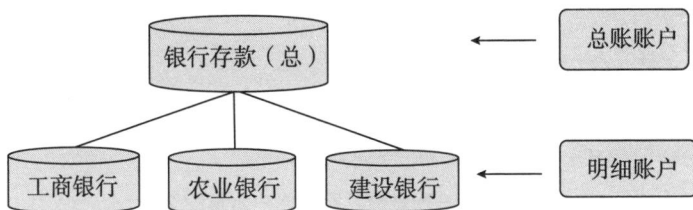

图 4-3 总账账户及明细账户示意图①

【例4-4】某企业的销售形式主要是赊销。有三个客户，分别是大地公司、绿叶公司、白云公司。2023 年 1 月，该企业分别销售给三家公司 50 万元、20 万元、30 万元的货物而没有收到货款。这三笔经济业务都属于实现了销售额但未收到货款，所以需要在"应收账款"这个科目下核算。但是如果不加以区分，都记录在一级科目之下，将来核对账目时"找谁催款"这个问题就无法清晰，因为账面记录只反映一笔总数 100 万元的欠款，无法分辨是哪家的欠款，该去找谁对账催款。

因此，除了一级科目，企业还需要根据自身情况设置二级或三级科目，如"应收账款——大地公司""应收账款——绿叶公司""应收账款——白云公司"等，以更明晰、准确地反映财务状况。有些企业还可以根据情况设置三级、四级科目核算（在实操业务中，一般情况下不建议企业设置四级核算，而用核算项目辅助核算代替，这就要求会计人员熟练掌握财务软件的使用），不管是二级科目、三级科目还是四级科目，我们都统称为"明细科目"（图4-4）。

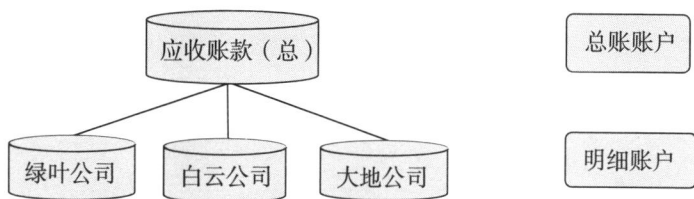

图4-4　总账账户及明细账户示意图②

【例4-5】某企业发生的管理费用种类有很多，如工资、福利、差旅费、水电费、修理费等，只要是后勤管理部门的费用都可以称为"管理费用"。但企业需要详细统计出这些费用的金额，以期分析各种费用的金额、占比与预算的比对，以调整管理手段，从而实现成本控制的目的。这就要求会计在核算时必须加以更清晰的记录，所以就有必要在一级科目"管理费用"之下设置更明细的费用科目，如"职工薪酬""差旅费""业务招待费""办公费""折旧费"等。

表4-20就是一个"管理费用多栏明细账"模板。

表 4-20　管理费用多栏明细账　　　（单位：元）

日期	凭证字号	摘要	借方合计	贷方	费用明细						借贷	余额
					办公费	业务招待费	交通差旅费	折旧费	工资福利	车辆使用费		
2023/01/01		上年结转									平	
2023/01/01	转-1	核销长款卡开支	500			500					借	500
2023/01/01	现付-1	付交通差旅费	1200				1200				借	1700
2023/01/03	现付-2	报销医药费	5000						5000		借	6700
2023/01/03	现付-3	报销办公用品费	2000		2000						借	8700
2023/01/03	现付-4	报销待客费	6000			6000					借	14700
2023/01/09	现付-6	付交通差旅费	500				500				借	15200
2023/01/09	现支-2	付水电费电话费	2000		2000						借	17200
2023/01/16	现付-7	付车辆过路费	600							600	借	17800
2023/01/31	转-11	结转工资费用	30550						30550		借	48350
2023/01/31	转-12	结转折旧费用	31138.88					31138.88			借	79488.88
2023/01/31	转-16	结转本期损益		79488.88							平	
2023/01/31		本期合计	79488.88	79488.88	4000	6500	1700	31138.88	35550	600	平	
2023/01/31		本年累计	79488.88	79488.88	4000	6500	1700	31138.88	35550	600	平	
2023/02/08	现付-1	报销办公用品费	200		200						借	200
2023/02/29												
2023/02/29												

二、总账账户和明细账户

有了一级科目（总账科目）和明细科目的区分，就有了总账账户和明细账户的区分。明细账户的名称就是明细科目。

账户名称的不同也带来了不同的会计岗位名称。例如，对一些规模较大的企业，财务岗配备齐全，就可以设置总账会计、明细账会计等不同岗位。总账会计负责登记总账，明细账会计负责登记明细账。有的明细账会计可以进一步明细化，分为往来账会计（即负责应收账款、应付账款等明细账的会计人员）、成本会计（即负责产品成本核算与控制的会计人员）和费用会计（负责期间费用的处理）。

目前，财务软件的应用减少了很多机械性、重复性的会计人员的工作量，明细账会计、总账会计都不再需要手工登记账簿，提升了财务人员的工作效率。

【例4-6】某企业在2023年1月份发生如下经济业务：

1月2日，收回某企业赊欠货款10000元存入工商银行账户；1月5日，用工商银行账户支付一笔采购货款25000元；1月2日，用农业银行账户支付一笔货款5000元；1月8日，用农业银行账户交税8200元；1月5日，用建设银行账户发放员工工资50000元。

企业需要建立三个明细银行账户，用来记录不同明细科目金额的增减情况（表4-21、表4-22、表4-23）。

表4-21　账户名称：银行存款——工商银行　（单位：元）

年度	日期	凭证编号	内容摘要	金额增加（左边栏）	金额减少（右边栏）	余额（第三栏）
			上年数据转入			20000
2023	1月2日		收回××货款	10000		30000
2023	1月5日		支付××采购货款		25000	5000

表4-22　账户名称：银行存款——农业银行　（单位：元）

年度	日期	凭证编号	内容摘要	金额增加（左边栏）	金额减少（右边栏）	余额（第三栏）
			上年数据转入			32000

（续表）

年度	日期	凭证编号	内容摘要	金额增加（左边栏）	金额减少（右边栏）	余额（第三栏）
2023	1月2日		支付货款		5000	27000
2023	1月8日		缴纳增值税、附加税		8200	18800

表 4-23 账户名称：银行存款——建设银行 （单位：元）

年度	日期	凭证编号	内容摘要	金额增加（左边栏）	金额减少（右边栏）	余额（第三栏）
			上年数据转入			58000
2023	1月5日		发放员工工资		50000	38000

第 五 章

资产和费用

第 22 讲　资产未必等于费用，要看是否减少了当期利润

　　企业除了暂时出借给别人的款项或投资给别人的款项（这些有可能收回，如果收不回来，将来也是费用），其他所有花出去的钱，最终都会成为费用。也就是说，它们最终都会让企业的利润减少。此外，费用有当期费用和未来费用的区别，当期费用减少当期利润，未来费用减少未来期间利润。

　　会计准则人为地把会计期间分为不同的自然年和自然月，称为"本月""次月""本年度""次年度"。

　　当期，可指当月，也可指当年。利润计算的周期通常有按月和按年两种方式。一般企业内部管理的需求是按月出具财务报表；外部报表使用人，如税务局，是按企业或个人的年度利润额来征收企业所得税或个人所得税，但同时又要求企业按月或按季度利润预交企业所得税，所以企业的利润还是要按月进行初步核算，到年度终结后再进行全年的利润汇总计算。

一、支出的资产化和费用化

　　如果把时间线拉长，从一个企业诞生到死亡的整个时段来

讲，支出＝花钱＝费用。但在一个短时期内，花钱≠费用，为什么呢？

企业花钱会购买有形或无形的东西，一般情况下，买的东西只让当期受益的，或受益期虽长但其价值太低的，我们把它称作"本期间费用"，即现金减少、费用增加。但是如果买的东西受益期长，我们就把它称作"资产"，即现金减少、资产增加。

换一个角度也可以这样看，钱这种资产花出去了，如果换了其他资产回来，说明它的价值还留在自己的企业里，那就不是费用，不是费用就不会减少当期的利润。如果钱花出去没能换其他资产回来，那就是费用，会减少当期利润。别忘了，收入−费用＝利润。

例如：

1."美味蛋生意"交了一笔电费 500 元。想想这笔业务的资金运动状态：钱少了，去了电业局的账户里，企业买了电，但电没留在自己的企业里，耗费掉了，所以这 500 元是费用。

2."美味蛋生意"的投资人小白和小黑出差，乘飞机、坐火车、住旅馆，一共花了 5000 元。钱少了，去了铁路局、航空公司、酒店的账户里，企业购买了服务，但服务没留在自己的企业里，而是耗费掉了，所以这 5000 元也是费用。

3."美味蛋生意"给销售部门的员工发了一笔 30000 元的工资，钱少了，去了员工的卡里，购买了员工的劳动，但是劳动没留在自己的企业里，耗费掉了，所以 30000 元的工资也是费用。

请注意，并不是所有给员工发放的工资都是费用，只有归属于期间性费用的工资才会形成当期的费用，而归属于生产成本或制造费用的工资会形成产品的成本，成为库存商品的一部分。一个商品的生产成本包括看得见的成本和看不见的成本两部分，看得见的是显性的生产成本，看不见的是隐性的生产成本。

【例5-1】一家生产盒装牛奶的公司，生产出的牛奶，其成本就包括两部分：看得见的成本和看不见的成本。

看得见的成本是包装盒、牛奶、吸管、包装箱；看不见的成本是生产设备和车间厂房的损耗、生产工人的工资、运输费用。由此可以看出，生产工人的工资没有在当月被耗费掉，而是储存在了盒装奶内，这部分的工资支出就不是费用，它构成了库存商品价值的一部分，所以是资产。

如果花钱购买了一个东西，我们把它的价值计入了资产负债表，是购买资产的支出，那么这笔支出就叫作"资产化支出"；如果花钱购买的东西是一笔费用，我们把它的价值计入了利润表，那么这笔支出就叫作"费用化支出"。

【例5-2】"美味蛋生意"购买了一批鸡蛋，鸡蛋被放在仓库里，花了42000元。钱虽然花了，但换来了鸡蛋，说明钱没有从企业里消失，只是钱的形态产生了变化，由货币的形态变成了货物的形态。一项资产（货币）的减少换来了另一项资产（货物）的增加，所以这42000元不是费用。

同理，"美味蛋生意"购买了一辆小货车，钱虽然花出去了，但换回了能让未来几年都受益的固定资产，是资金由货币的形态变成了固定资产的形态——现金资产减少，另一项资产增加——所以这20000元不是费用化支出，而是购买资产的支出（资本化支出）。

更准确地说，这20000元不是本会计期间的费用，而是未来会计期间的费用。

按会计准则会计分期的要求，如果只看一个月，那么本月购买的小货车不能算作本月的费用。但如果把时间跨度拉长，小货车总有用坏的那一天，在更长跨度的会计期间内，购买小货车的20000元肯定是一项费用。

小货车一定会有一个使用寿命，我们可以推测一下，提前预计它的可使用时间。假设小货车还可以使用2年，2年后就没有价值了，那也就意味着第1年耗用10000元，第2年耗用10000元。耗用掉的部分，会计上把它称为"折旧费"，属于当期的折旧费才是企业的当期费用。

【例5-3】绿叶公司购买了一批办公文具，有打印纸、计算器、订书针、笔、垃圾桶、扫把等。这些办公用品花了钱，换回的东西的受益期有的长有的短，那么这些东西是费用还是资产呢？如果是资产，又是什么资产呢？

一般情况下，我们把以上这些东西也称为费用，而不定义为资产，它们不归属于"资产"这个会计要素内。因为它们虽然是有形的物品，受益期有长有短，但损耗太快，价值太低，将来也没有变卖的价值，不符合低值易耗品的定义，也不符合固定资产的定义，所以属于管理费用的明细类别——"办公费用"。

二、购买资产和购买费用的相同点

购买资产和购买费用都会花钱，让企业的现金变少，这是它们的相同点。资产化支出，晚一些时候也会变成费用，不过不是本期的费用，而是以后不同期间的费用。

还记得能称为"固定资产""低值易耗品"的条件吗？垃圾桶、扫把、计算器等物品表面上看起来跟它们很像，但又不符合它们的定义条件，所以是费用。

第23讲 资产最终都会变为费用

一、资产转化为费用的过程

1. 固定资产转化为费用的过程

前文我们说过,"美味蛋生意"购买的小货车是资金由货币的形态变成了固定资产的形态。花钱买车是"一项资产减少(货币资金减少),另一项资产增加(固定资产增加)"的过程,所以这20000元不是费用,而是资产。

但如果把时间的跨度拉长,小货车总有用坏的那一天,花在小货车上的20000元最终一定会全部成为费用。

不过,因为会计是分期计算利润,所以在一定时段内,小货车的价值不会被全部用完。如果预计小货车可以使用24个月,那么一个月耗用的价值 = 20000元 ÷ 24个月 ≈ 833.33元,每个月耗费掉的833.33元为折旧费用,而折旧费用是随着物品使用逐月增加的。

小货车使用2年之后,账面的价值已经为0元,在实际的情况中,也可能使用2年之后依然没有损坏,还在使用,但会计处理上已经按2年折旧完了,以后使用也不再计算折旧费用了。

随着时间的流逝，每个月都耗费掉的价值被称为"累计折旧"，用了一个月，累加起来的折旧费为833.33元，剩余价值＝原来价值－累计折旧＝20000－833.33＝19166.67（元）；用了两个月，累加起来的折旧为1666.66元，剩余价值＝原来价值－累计折旧额＝20000－166.66＝18333.34（元）……

由此我们得出公式：

固定资产剩余净值＝固定资产原值－累计折旧额

"累计折旧"这个会计科目，它核算的是随着时间流逝，固定资产耗费掉的部分的累加额。它也是一个资产类科目，是"固定资产"科目的备用抵减科目，简称"备抵科目"。累计折旧得越多，固定资产的剩余净值就越少。

随着折旧的逐月增加，资产的价值就会逐月减少。资产价值减少的部分去了哪里？这需要看这项资产用在了哪里。如果是办公用的资产，那价值损耗就用到了管理费用或销售费用中去；如果是生产设备，那价值损耗就用到了产成品看不见的隐性成本中去，构成了产品成本的一部分。

2. 什么叫残值

残值是指一项固定资产在使用期满时预计能够回收的残余价值，也就是在固定资产使用期满报废时处置资产所能收取的价款。如果一项固定资产在投入使用时能够估计出未来的残值，那么在它使用的整个会计期间内，折旧总额就是原值扣除残值以后的金额，残值也就是未来使用到期时的固定资产剩余净值，这个净值是不会被耗费的部分价值。

即：预计的折旧总额＝固定资产原值−预计未来的残值

【例5-4】假设预计"美味蛋生意"的小货车在2年之后报废，小货车作为废品出售能收回500元，那么在整个2年（24个月）内，小货车的折旧总额应该为20000−500＝19500（元），每个月的折旧费用应该为19500÷24＝812.5（元）。

3. 无形资产转化为费用的过程

我们花费100万元购买了一项专利技术，预计这项技术在5年内有可能会被新技术代替，那么这项专利技术受益期就是5年，花费的100万元是资本化支出，在购买的当月就叫作"无形资产"，而不是费用。但是在5年内，这项技术的价值会越来越低，直至全部转变为费用，这个逐步折旧的过程跟固定资产是一样的。

当然，无形资产也有一个备抵科目，叫作"累计摊销"，除了与固定资产的名称不一样之外，本质都一样。

即：无形资产的净值＝无形资产原值−累计摊销额。

二、固定资产的折旧方法

会计准则规定，固定资产从新增的次月起开始算折旧，处置或减少的当月照样计算折旧费；而无形资产从新增的当月起开始摊销，处置或减少的当月不再计算摊销额。

【例5-5】某公司2019年8月购买一台机器设备，费用为300000元，预计可以使用5年，不考虑残值。2023年1月，该公司要更换新设备，把旧设备卖掉。设备处置的当月，该机器设备共计提多少累计折旧费，账面净值是多少？

分析：固定资产从新增的次月开始算折旧，也就是2019年9月开始，减少的当月照样算折旧，所以2023年1月也计算折旧，即2019年有4个月折旧期，2020年、2021年、2022年分别是12个月，共计36个月折旧期，2023年有1个月折旧期，合计有41个月折旧期。

每月折旧额＝300000÷60＝5000（元）

41个月折旧额＝5000×41＝205000（元）

即累计已经计算了205000元的折旧额。

累计折旧账户余额为205000元，原值为300000元，故：

账面净值＝300000－205000＝95000（元）

上例中，我们采用的固定资产折旧方法叫作"平均年限法"，即在可以使用的年限内把折旧费用平摊到各个月份或年度中去的方法。但在实际的经济业务开展中，有的固定资产在使用的前期损耗多，后期损耗少，所以又产生了其他不同的折旧方法。

（1）折旧方法一：平均年限法，又称直线法

计算公式：年折旧额＝固定资产原值÷预计可使用年限

考虑残值的公式：年折旧额＝（固定资产原值－预计的残

值）÷预计可使用年限

采用本法，固定资产每月的折旧额相等。

（2）折旧方法二：工作量法

一般为机械设备所采用，当期的工作时间多，当期的损耗就多；当期的工作时间少，当期的损耗就少。

【例5-6】2023年1月1日，某运输公司购进一台大型厢式运输汽车，购买价60万元，预计这台运输汽车可以跑40万公里，40万公里后，该汽车将报废。

由此可得：

该汽车每公里损耗=60÷40=1.5（元）

2023年1月，该汽车运输里程为1000公里，当月的损耗=1000×1.5=1500（元）

2023年2月，该汽车运输里程为1600公里，当月的损耗=1600×1.5=2400（元）

……

每个月的使用量不同，折旧额就不同。

（3）折旧方法三：双倍余额递减法

计算公式：年折旧系数=2÷预计使用年限

某年的折旧额=年初固定资产的账面净值×年折旧系数

年度的月折旧额=当年折旧额÷12个月

【例5-7】接上例。假设该汽车采用双倍余额递减法计算折旧额，预计使用年限为6年，预计残值为10000元。

表5-1 采用双倍余额递减法计算折旧额的案例

（单位：元）

原值和残值	总折旧年限	第?年	折旧系数=2÷折旧年限	年初净值	本年折旧=年初净值×折旧系数	累计折旧	年末净值	备注
原值600000元残值10000元	6年	第1年	2/6	600000.00	200000.00	200000.00	400000.00	
		第2年	2/6	400000.00	133333.33	333333.33	266666.67	
		第3年	2/6	266666.67	88888.89	422222.22	177777.78	
		第4年	2/6	177777.78	59259.26	481481.48	118518.52	
		第5年	1/2	118518.52	54259.26	535740.74	64259.26	最后两年改为直线法，减预计残值后，进行平均计算
		第6年	1/2	64259.26	54259.26	590000.00	10000.00	

采用双倍余额递减法，前几年计算折旧额时不考虑预计残值。在预计使用寿命到期的前2年内，将固定资产倒数第2年初的账面净值减残值后的价值，平均在2年内摊销。

如表5-1中，第5年初账面净值118518.52元需要减去残值10000元，即118518.52-10000=108518.52（元），然后用差额除以2年，得出平均在2年内的摊销额，即108518.52÷2=54259.26（元）

(4) 折旧方法四：年数总和法

计算公式：年折旧系数=截至本年初剩余使用年限÷预计使用年限的总和

年折旧额=年折旧系数×预计的折旧总额

预计的折旧总额=原值-残值

月折旧额=当年的折旧额÷12个月

【例5-8】接上例。假设该汽车采用年数总和法计算折旧额，预计使用年限为6年，预计残值为10000元。

年数总和=1+2+3+4+5+6=21（年）。因为预计使用年数是6年，所以从1加至6，如果预计使用是5年，那年数总和就是从1加至5。

表5-2 采用年数总和法计算折旧额的案例

（单位：元）

总折旧年限	第?年	剩余年限	折旧系数=年初剩余年限÷年数总和	总折旧额=原值-残值	本年折旧=总折旧额×折旧系数	年度折旧额	累计折旧额	年末净值
6年	第1年	6	6/21	590000	168571.43	168571.43	168571.43	431428.57
	第2年	5	5/21	590000	140476.19	140476.19	309047.62	290952.38
	第3年	4	4/21	590000	112380.95	112380.95	421428.57	178571.43
	第4年	3	3/21	590000	84285.71	84285.71	505714.29	94285.71
	第5年	2	2/21	590000	56190.48	56190.48	561904.76	38095.24
	第6年	1	1/21	590000	28095.24	28095.24	590000.00	10000.00
折旧合计						590000.00		

从以上四种方法中我们可以看出，在使用双倍余额递减法和年数总和法的情况下，固定资产第 1 年折旧的最多，第 2 年低于第 1 年，第 3 年又低于第 2 年……也就是说，时间越靠前折旧的越多，越靠后折旧的越少，因而这两种方法又合称为"加速折旧法"。

采用不同的折旧方法计算出来的企业折旧额不同，而折旧额不同，据此计算出来的利润就不同，所以会计准则要求企业一旦选定一种折旧方法就不得轻易改变，除非出现重大情形变化。

会计准则要求不得随意改变折旧方法，是因为会计信息要求可比较性，随意调整年度折旧额相当于随意调整利润额，会造成会计信息失真。会计上有个术语叫"洗大澡"，就是把属于以后期间的费用挪到当年度确认，这样当年度亏损就会很严重，继而为未来的会计期间留上足够的利润空间。这是人为操纵企业利润的一种方法。

例如，某企业原来规定，对固定资产统一采用直线法，按 10 年计算折旧，计算出的每年折旧额为 50 万元；但第二年该企业又改为加速折旧法计算折旧，次年计算折旧额为 150 万元。假设不计算折旧费用前，企业这两年折旧前利润都为 300 万元，那么第一年折旧后实际利润为 300－50＝250（万元）；但第二年折旧后实际利润为 300－150＝150（万元）。进行数据比较，我们会发现第二年的利润比前一年少 100 万元，可实际上企业的经营管理状况并没有比前一年差。造成两个年度利润出现差异的原因仅仅是企业改变了折旧方法，这样的情形不利于企业对利润数据进行纵向比较。

对于交通运输工具类固定资产，税法规定折旧年限不低于4年即可。但在我的咨询工作中，曾见到作为职业经理人的总经理要求企业财务人员使用平均年限法、按8年对运输工具提取折旧。会计人员不理解，按4年期计算每年折旧费用高，企业的前面4个年度的税前利润就会少，企业就可以少缴企业所得税，从而为企业节约资金使用成本。但为什么总经理非让按8年折旧呢？这个企业的总经理是职业经理人，所以我分析，他要的是财务报表的利润好看，好让董事会看到他在职的经营成果并肯定他的"主政业绩"，这就是典型的"位置决定思维与行动"。

三、无形资产的摊销方法

无形资产＝无形资产原值−累计摊销额

无形资产的摊销方法和固定资产一样，只是它一般不计算残值。它也可以使用平均年限法或加速折旧法，在预计的受益期内进行摊销。无形资产的备用抵减科目叫作"累计摊销"，累计摊销额越多，无形资产的净值就越少。

扩展知识 8　　会计也是估计

怎么知道一个企业到底赚了多少钱？当然应该看利润报表。但利润报表中的净利润真的是准确的吗？

会计工作要求遵循会计准则，具备严谨性、准确性，但是会计实务中同时又有很多估计方法或者不确定性的存在。比如，固定资产的预计折旧年限和折旧方法会影响到当期费用，继而影响企业利润虚增或虚减；企业销售了货物货款未收，但会计准则要求必须在发出货物的当期确认为收入，如果以后出现坏账，那么现在的企业利润就可能虚增。

如此看来，会计准则要求采用权责发生制记账并核算企业的各项收入和费用，但收入和费用却可能"造假"。有人说，货币资金的净增加或减少是做不了假的，采用收付实现制记账的利润才最为准确，但税收却是按权责发生制确认的收入和利润计征的。对企业老板来说，会计利润有时真的只是估计利润，很多时候，企业老板更关注以收付实现制为基础编制的现金流量表，因为只有到手的现金才是真正可靠的。

四、与固定资产相关的会计科目

"工程物资"指专门用来安装或建造固定资产的材料，"在建工程"指固定资产未达到可以使用的状态，处在生产或安装过程中的形态。

由图 5-1、图 5-2 可以看出从工程物资到固定资产的变化。

图 5-1　某造船厂生产销售商品船只过程

图 5-2　某工厂自用厂房施工过程

【例 5-9】红星楼板制造厂为生产预制水泥楼板的工厂，其使用的主要原材料有水泥、大砂、石子、钢材等。2023 年 1 月

31 日，该工厂计划建造自用的办公楼，因此依据设计图纸购买了砖、水泥、钢材、石子等专门物资。在这些物资中，部分钢材、石子、大砂、水泥等跟生产预制楼板的原材料是一样的。

材料的型号、外形都一样，但使用的目的不一样，所以叫的名字也不一样。用来生产销售用楼板的材料叫作"原材料"，而用来建造办公楼的材料叫作"工程物资"。

领用原材料是用来生产"库存商品"的，在产品完工之前通过"生产成本"这个会计科目归集，在产品完工后由"生产成本"再转入到"库存商品"。当然，如果把原材料直接用到了在建工程上，那么会计处理时就需要记录："原材料"减少，"在建工程"增加。

领用工程物资一般是用来生产"固定资产"的，在固定资产完工之前通过"在建工程①"这个会计科目核算，在资产完工达到预定可以使用的状态后，由"在建工程"转入"固定资产"。

【例 5-10】2023 年 2 月，某企业外购一台生产设备，价值800 万元。该生产设备已运送至企业厂房内，但还不能立即投入使用，因为还需要安装调试。安装调试需要 2 个月，预计发生安装工资 15 万元、领用安装材料 10 万元。因为这台设备未达到预定可使用状态，所以目前只能叫作"在建工程"。

---

① 不是固定资产是建筑物的才能叫作"在建工程"。在建工程科目反映的是固定资产达到预定可使用状态之前的状态，只要固定资产还未建造完毕，不能正式投入使用，都称作"在建工程"。

在设备到达工厂后，"在建工程"账户增加 800 万元，领用安装材料后，"工程物资"或"原材料"账户减少 10 万元，在建工程账户增加 10 万元。发放安装工人工资，在建工程账户再增加 15 万元，应付职工薪酬也增加 15 万元（表5-3）。

2 个月后，在建工程安装完毕，达到可以使用的状态，会计人员需要把"在建工程"转入"固定资产"，即在建工程账户减少 825 万元，固定资产账户增加 825 万元（表5-4）。

表 5-3　会计科目：在建工程　　　　（单位：元）

年度	日期	凭证编号	内容摘要	金额增加（左边栏）	金额减少（右边栏）	余额（第三栏）
2023	2 月 2 日		购买一台待安装设备	8000000		800000
2023	2 月 28 日		领用安装材料	50000		8050000
2023	2 月 28 日		安装工人 2 月工资	60000		8110000
2023			本月合计	8110000		8110000
2023	3 月 25 日		领用安装材料	50000		8160000
2023	3 月 31 日		安装工人 3 月工资	60000		8220000
			本月合计	110000		8220000
			本年累计	8220000		8220000
2023	4 月 10 日		安装工人 4 月工资	30000		8250000

（续表）

年度	日期	凭证编号	内容摘要	金额增加（左边栏）	金额减少（右边栏）	余额（第三栏）
2023	4 月 12 日		设备安装完毕，投入使用		8250000	0
			本月合计	30000	8250000	0
			本年累计	8250000	8250000	0

表 5-4　固定资产—A 号生产线　明细账　　（单位：元）

年度	日期	凭证编号	内容摘要	金额增加（左边栏）	金额减少（右边栏）	余额（第三栏）
2023	4 月 12 日		设备安装完毕，投入使用	8250000		8250000
			本月合计	8250000		8250000

第 六 章

记账法、原始凭证和记账凭证

第 24 讲　复式记账法比单式记账法更能反映企业的经济往来状况

一、单式记账法

没有学习过会计专业知识的人，通常都会靠自己的理解用单式记账法来记账。

单式记账法下，企业资金发生不同运动状态时，记账人员一般只记录某单一账户的增减，而不考虑会计要素之间的平衡状况。

例如：

1. 收到老板的投资款，往往只记录资金账多了一笔钱，但不记录实收资本账户的增加。

2. 销售货物收到货款的部分，仅记录资金的增加，而不记录营业收入的增加。

3. 销售货物但未收到货款的部分，只记录客户欠款的增加，而不记录营业收入的增加。

4. 用银行存款购买原材料，一般只记录"银行存款"账户的减少，而不记录"原材料"账户的增加。

5. 赊购原材料时，一般只记录欠供货商多少钱，而不记录"原材料"账户的增加。

6. 对于固定资产的折旧、材料物资的领用等都不设置账户登记。

…………

这些仅考虑单一账户的增减，而不站在会计恒等式角度记录账务的方法，就叫作"单式记账法"。

单式记账法的好处是简单、易懂，但它不能完整地反映企业经济业务的来龙去脉，无法核查账户记录是否完整无误。因此，只能在一些初创型企业，或者业务量少、业务简单，没有大量的原材料、应收应付款的企业内使用。如果企业的经济业务复杂，规模较大，对会计数据的要求高，则不适合使用单式记账法。

二、复式记账法

目前国际通用的记账方法是复式记账法，它也是从事会计职业必须使用的记账方法。

复式是相对于单式来讲的，即每发生一笔经济业务，都会涉及至少两个或多个账户之间的增减变动，但变动的金额相等。

如果经济业务涉及资产增加，不仅要记录资产的增加，还要记录这项资产从哪里来；如果涉及资产的减少，不仅要记录资产的减少，还要记录这项资产用到了哪里去。

【例6-1】某企业赊购了一批材料，材料已运至自家仓库中，但货款未付。这笔经济业务涉及两个账户：一个是原材料增加；一个是欠供货商的货款，即负债增加。或者说，原材料这项资产的增加，来源于欠供货商的货款增加。

【例6-2】某企业赊销了一批货物，货物已经运送至客户的仓库中，但货款尚未收到。这笔经济业务涉及两个账户：一个是一项资产，即应收账款的增加；一个是销售额，即主营业务收入的增加。或者说，应收账款这项资产的增加来源于主营业务收入的增加。

【例6-3】某企业用现金支付了一笔物业费。这笔经济业务涉及两个账户：一个是现金资产的减少；另一个是管理费用的增加。或者说，资产减少了，转移到了物业费上。

【例6-4】某企业本月收到了上个季度客户赊欠的货款，一部分转入了银行账户，一部分客户给了现金。这笔经济业务涉及三个账户：前两个是现金和银行存款，这两个账户都增加了；另一个是应收账款，这个账户减少了。或者说，货币资金这些资产的增加来源于另一项资产——应收账款的减少。

以上例子即为复式记账的原理。

在复式记账法中，目前常使用的叫作"借贷记账法"。它用

"借"或"贷"两个字来代表账户增加或减少的方向。

借贷记账法，是一种以资产与权益的平衡关系为基础，以借、贷二字为记账符号，以"有借必有贷，借贷必相等"为记账规则的一种复式记账方法，是对发生的每一项经济业务都以相同的金额同时在两个或两个以上相互联系的账户中进行登记，以系统、全面地反映每一项经济业务所引起的资产、权益变化和结果的一种方法。

小黑不解地问："借贷记账法？是不是借款贷款？"

小白答道："不是，这里的借或贷其实已经没有它本来的字面意义了，只是一个记账符号而已。"

小黑："我不明白。"

小白："是不好理解。这样，为了方便理解，我们把借贷记账法暂称为'左右记账法'。"

小黑："左右记账法？什么意思呢？"

小白："你还记得账本的格式吗？记录的金额被分成三栏，即左边一栏，右边一栏，余额一栏。通常，一栏记增加，一栏记减少，一栏记余额。"

小黑点头道："我知道，左边一栏记增加，右边一栏记减少，第三栏记余额。"

小白："但有的账户不是这么记的，是反着方向记的。"

小黑追问道："难道不是所有的账户都是左边栏记增加，右边栏记减少吗？"

小白："不是的。实际上，借贷记账法，有的账户是左边栏记减少，右边栏记增加；有的是左边栏记增加，右边栏记减少。"

小黑："那到底哪些账户是左边栏记增加，右边栏记减少呢？"

收入类、负债类、所有者权益类账户是右边栏记增加，左边栏记减少；而资产类、成本类、费用类账户是左边栏记增加，右边栏记减少。

借，代表左边栏；贷，代表右边栏。所以，借贷记账法也可以叫作"左右记账法"。

我们把表 3-8 的内容修改为表 6-1：

表 6-1 应付账款——应付养鸡场欠款明细账 （单位：元）

日期	内容摘要	金额减少（左边栏）	金额增加（右边栏）	余额
2 月 20 日	从安心养鸡场购货 10000 斤		30000	30000
	2 月合计		30000	30000

小白："看一下表 6-1 跟原表（表 3-8）的差异：只是把记录金额的增减方向由左、右，改为了右、左，其他数字的登记和记算公式都不变，即余额＝上月余额＋本月增加（右边栏）－本月减少（左边栏）。这样的记账方法就叫作'左（借）右

（贷）记账法'。"

小黑："唉，我有点儿蒙了。为什么要反着来记呢？为什么不能都在左边栏记增加，右边栏记减少呢？到底哪些科目的账户增加记左边（借），哪些科目的账户的增加记右边（贷）呢？"

小白："要说清楚这个问题，其实也不难，还需要从会计恒等式入手。"

我们来重温一下第一个恒等式：

资产＝负债＋所有者权益 【公式1】

变形：资产＝负债＋所有者的权＋所有者的益 【公式2】

其中，所有者的权，指的是股东的投资本金，即"实收资本"；所有者的益，指的是股东的投资本金赚取的"收益"，即累计赚取的、留在企业还没有拿回自己家的"未分配利润"。

再来复习一下第二个会计恒等式：

收入－费用＝利润 【公式3】

本公式中，利润指所有者的累计收益，即所有者的"益"。把【公式3】套入【公式2】，可得到如下公式：

资产＝负债＋所有者的权＋利润

因为"利润＝收入－费用"，所以把利润替换为"收入－费用"，可得到如下公式：

资产＝负债＋所有者的权＋收入－费用 【公式4】

变形移项可得出：

资产+费用=负债+所有者的权+收入　【公式5】

这个公式是两个会计恒等式并入一个等式后形成的新的会计恒等式。

（温馨提示：这个等式的原理及其推导过程必须完全熟悉和掌握，然后再看下文内容。本章下文内容，如果讲到"等式"，均指上面的【公式5】。）

在企业的生产经营活动中，必然会发生各种各样的经济业务。股东对企业的投资、营业额的现金收取、各种费用的支付、原材料的赊购、产品的赊销等，每项经济业务的发生又必然要引起资产、负债、所有者权益的增减变化，但不论怎样变化，都不会破坏上述的平衡等式。

归纳起来，企业的经济业务只有以下四种类型：

1. 等式两边的相关要素同增，双方增加金额相等，不影响等式平衡

（1）出售产品，收到现金。这项经济业务涉及等式左右两边同时增加。收到现金，就是资产增加；对于等式右边，销售额增加也就是"收入"增加。

（2）从供货商处赊购一批原材料。这项经济业务涉及等式左右两边同时增加。等式左边原材料增加，等式右边欠供货商货款，即"负债"增加。

2. 资产与权益同减，双方减少金额相等，不影响等式平衡

（1）股东退股减资或给股东分红，需要用公司的钱来支付股本金和分红额。这项经济业务涉及等式左右两边同时减少。左边的现金类资产减少，等式右边的"实收资本（所有者的权）"或"未分配利润（所有者的益）"减少。

（2）用银行存款支付欠供货商的货款。等式左边的现金类资产减少，等式右边"应付账款"这项负债也同时减少。

3. 等式左边资产和费用中相关要素内部一增一减，一项资产减少，一项资产增加；或一项资产减少，一项费用增加

（1）用现金资产购买一台机器设备。现金资产减少，固定资产增加，就是资产内部一增一减，即等式左边一增一减，不影响公式的平衡。

（2）用现金资产支付一笔水电费用。现金资产减少，但费用支出增加，等式左边两个要素一增一减，不影响公式平衡。

4. 等式右边的负债、所有者的权、收入等相关要素中内部一增一减，也不影响公式的平衡

（1）某公司因经营不善，流动资金短缺，欠某银行的贷款（即一项负债）到期无力偿还。经与银行协商，双方达成协议，银行同意欠款不再偿还，把银行的欠款转化为银行对企业的投资款，让银行变为企业的股东，俗称"债转股"，银行由债权人身份变为股东身份。这笔经济业务中，一项负债减少了，但同时一项所有者的权增加了。

（2）某公司欠供货商一批货款，经协商，供货商同意这笔货款不用货币资金来偿还，而用该公司自己的一批库存商品抵给供货商，双方债务互抵。这笔经济业务，销售产品销售额增加（也就是收入增加），但没有收到钱，而是抵了之前欠对方的货款，所以收入增加了、负债减少了。这同样是在等式右边相关要素中的一增一减，不影响等式平衡。

对于上述情况，总结具体记账规则如下：

（1）等式左边是资产和费用两个因素，在登记其明细账户时，增加记在左边栏，减少记在右边栏。也可以说，对于等式左边的相关要素，在登记其明细账户时，增加记录在借方（借方代表左边栏），减少记录在贷方（贷方代表右边栏）。

（2）等式右边是负债、所有者的权。收入三个要素，在登记其明细账户时，增加记在右边栏，减少记在左边栏。也可以说，增加记在贷方，减少记在借方。

在会计记账时，为了反映究竟是登记在左边栏还是右边栏，是用"借或贷"来代替左右的。需要登记在左边栏，就写"借方"，需要登记在右边栏，就写"贷方"。

第25讲　会计分录：会计处理的分开记录，显示借贷的平衡关系

会计分录和会计处理

会计需要对发生的经济业务做出判断，确定究竟是要记入哪个账户，要记左边栏还是右边栏，然后对该笔经济业务加以记录，写出一借一贷的平衡关系，这个记录叫作"会计分录"，即会计处理的分开记录。通常我们说对一项经济业务做出会计处理，就是写出其会计分录，写出分录的过程就是分析判断经济业务涉及哪个账户增、哪个账户减的过程，这也是会计核算当中最重要的一项工作。

会计分录①

借（左边栏）：管理费用——办公费用　　2500
　　贷（右边栏）：银行存款——建设银行　　　2500

本会计处理记录了使用建设银行账户的资金支付一笔管理部门的办公费用。涉及【等式5】左边的要素一增一减。管理

费用增加，记录在管理费用账户的左边栏，因为费用在等式的左边；银行存款减少，记录在银行存款账户的右边栏，因为资产在等式的左边，所以减少就应该记反方向的右边栏。

会计分录②

借（左边栏）：银行存款——农业银行　　67000

　　贷（右边栏）：主营业务收入——A 产品　　67000

本会计处理记录了销售 A 产品一批并收到货款，货款转入农行账户。涉及【等式 5】左边和右边的两个要素同时增加。银行存款为资产，增加记录到账户的左边栏，因为资产在等式的左边；主营业务收入增加，记录到其账户的右边栏，因为收入在等式的右边。

会计分录③

借（左边栏）：库存现金　　20000

　　贷（右边栏）：银行存款——建设银行　　20000

本会计处理记录了从建设银行账户提取了一笔现金，放在保险柜里作为日常备用金。涉及等式左边的两个要素一增一减。库存现金为资产，增加记录到其账户的左边栏；银行存款也是资产，减少记录到其账户的右边栏。

会计分录④

　　借（左边栏）：固定资产——5色彩印机　　128000

　　　　贷（右边栏）：应付账款——保利公司　　128000

　　本会计处理记录了企业从保利公司赊购了一台彩印机设备，固定资产已经投入使用，但货款尚未支付。涉及等式两边的要素同时增加。固定资产为资产增加，记录到其账户的左边栏；应付账款为负债，增加记录到其账户的右边栏。

会计分录⑤

　　借（左边栏）：银行存款——建设银行　　23000

　　　　贷（右边栏）：应收账款——绿叶公司　　23000

　　本会计处理记录了收回客户绿叶公司的欠款，转入建行账户。涉及等式左边的两个要素一增一减。银行存款为资产，增加记录到其账户的左边栏（借方）；应收账款也是资产，减少记录到其账户的右边栏（贷方）。

会计分录⑥

　　借（左边栏）：应交税费——企业所得税　　4500

　　　　贷（右边栏）：银行存款——建设银行　　4500

　　本会计处理记录了用建行账户的钱缴纳了企业欠的所得税

税款。涉及等式两边的会计要素同时减少。银行存款为资产，减少记录到其账户的右边栏；应交税费为负债，减少记录到其账户的左边栏。

会计分录⑦
借（左边栏）：银行存款——建设银行 200000
　　贷（右边栏）：短期借款——建设银行农业路分理处
　　200000

本会计处理记录了从建设银行贷到一笔款，这笔款的还款时间在一年之内（如果超过一年，需要记录到"长期借款"科目），银行拨付到开户银行中。涉及等式两边的会计要素同时增加。银行存款为资产，增加记录到其账户的左边栏；短期借款为负债，增加记录到其账户的右边栏。

会计分录⑧
借（左边栏）：主营业务成本——A产品 125000
　　贷（右边栏）：库存商品——A产品 125000

本会计处理记录了结算本期销售完成的A产品的配比性费用——成本。货物卖出，库存商品就要减少，转移到了配比性成本中，会减少企业的盈利。涉及等式左边两个要素一增一减，即资产减少，费用增加。主营业务成本增加，记录到其账户的左边栏；库存商品减少，记录到其账户的右边栏。

会计分录⑨

借（左边栏）：应收账款——大地公司　　　58000

　　贷（右边栏）：主营业务收入——B产品　　58000

本会计处理记录了销售给客户大地公司B产品一批，货物已发走，但大地公司未支付货款。涉及等式两边同时增加。应收账款为资产，增加记录到其账户的左边栏；主营业务收入为收入，增加记录到其账户的右边栏。

小黑问："小白，有个问题我不理解，销售商品没有收回货款时，应收账款增加，库存商品减少，应该借记应收账款，贷记库存商品吧？"

小白夸奖道："嗯，你问的这个问题非常好。会计分录⑧和⑨中，涉及一个会计初学者很容易出错的'会计分录'。"

如销售商品取得现金收入，初学者很容易理解为"现金增加，库存商品减少"，并因此借记库存现金增加，贷记库存商品减少。但实际上，这项经济业务涉及两个会计分录。

1. 现金增加并不是来源于库存商品的减少，而是来源于营业额的增加。

2. 库存商品减少，去到了配比性费用中，即主营业务成本增加。

假如把进货成本为 50 元的商品销售出去，售价为 80 元，则会计分录如下：

借（左边栏）：库存现金　　80

　　贷（右边栏）：主营业务收入　　80

借（左边栏）：主营业务成本　　50

　　贷（右边栏）：库存商品　　50

小黑："为什么要这样记呢?"

小白："因为库存商品销售时，是包含了成本和毛利润一起销售的。会计人员收到的现金是多于库存商品的价值的，根据"有借必有贷，借贷必相等"的规则，如果把这笔业务的会计分录记为'现金增加，库存商品减少'，则实际收到的现金跟实际出库的库存商品价值不相等，会造成库存商品价值出现负数。"

看下面的例子：

【例 6-5】喜洋洋酒业公司仓库中共有茅台酒 10 件，每件成本价 8000 元，共计 80000 元。本月库存茅台酒全部售出，售价 10000 元/件，共收到货款 100000 元存入银行。请写出本业务的会计处理。

错误分析：此经济业务涉及一项资产增加，一项资产减少，即现金增加，库存商品减少。

错误会计处理一：借（左边栏）：银行存款　　100000

　　　　　　　　　贷（右边栏）：库存商品　　100000

这样记录是有问题的，因为库存商品原本的结余价值仅为80000元，但现在贷方（右边栏）要减少100000元。也就是说，库存商品余额为-20000元，这样肯定是不对的。

那换个方式行吗？

错误会计处理二：借（左边栏）：银行存款　　100000

　　　　　　　　　贷（右边栏）：库存商品　　80000

　　　　　　　　　贷（右边栏）：毛利　　20000

这样记录也是有问题的，因为首先，没有"毛利"这个会计科目。其次，就算真的设置了这样的会计科目，很多时候会计人员在收入产生并记账时也并不知道成本额是多少，也就不清楚毛利额是多少。还有，如果这样记，会计就无法统计出总的销售额了，因为没有一个关于销售额的账户能反映出企业的总销售额是多少。不管是出于企业内部管理的需求，还是出于要依靠销售额来征税的税收管理要求，这种记法都是行不通的。

所以，正确的记法是：

借（左边栏）：银行存款　　100000

　　贷（右边栏）：主营业务收入　　100000

同时，在计算成本时：

借（左边栏）：主营业务成本　　80000

　　贷（右边栏）：库存商品　　80000

小黑："嗯，我明白了。你说过，利润是计算出来的，会计只需要记好销售额和成本额，利润是一个计算的结果。"

小白："对极了!"

会计分录⑩

借（左边栏）：预付账款——优胜公司　　23000
　　贷（右边栏）：银行存款——农业银行　　23000

本会计处理记录了预先支付给供货商优胜公司一笔货款，但货物尚未收到。对于企业来说，是货币资产减少，取得了一项未来得到货物或服务的一项权利，这项权利符合资产的定义。涉及等式左边的资产要素一增一减，银行存款是资产，减少记录到其账户的右边栏；预付账款也是资产，增加记录到其账户的左边栏。

会计分录⑪

借（左边栏）：应付账款——保利公司　　55000
　　贷（右边栏）：银行存款——建设银行　　55000

本会计处理记录了由建设银行账户支付以前欠供应商保利公司的货款。涉及等式两边的要素同时减少。银行存款减少，记录到其账户的右边栏；应付账款减少，记录到其账户的左边栏。

会计分录⑫

借（左边栏）：销售费用——业务招待费　　3500

　　贷（右边栏）：库存现金　　3500

本会计处理记录了用保险柜中的备用现金支付销售部门员工报销的一项招待费用。涉及等式左边两个要素一增一减。销售费用增加，记录到其账户的左边栏；现金资产减少，记录到其账户的右边栏。

会计分录⑬

借（左边栏）：库存商品——HP 打印机　　150000

　　贷（右边栏）：应付账款——优特办公器材销售公司

　　　　　　　　　　　　　　80000

　　贷（右边栏）：银行存款——农业银行　　70000

本会计处理记录了从供货商"优特办公器材销售公司"采购了一批打印机作为待售商品，并支付了部分货款，余款一部分赊欠未付。涉及等式两边，一项资产（库存商品）的增加，另一项资产（银行存款）的减少和一项负债（应付账款）的增加。

会计分录⑭

借（左边栏）：银行存款——建设银行　　300000

贷（右边栏）：实收资本——陈立维　　300000

本会计处理记录了收到股东陈立维的投资款，由股东本人转入建行账户。涉及等式两边一项资产增加，登记在其账户的左边栏；一项所有者的权增加，登记在其账户的右边栏；

会计分录⑮

借（左边栏）：税金及附加　　1680

　　贷（右边栏）：应交税费——城市维护建设税　　1680

本会计处理记录了月末计算当月应交未交城建税。按照权责发生制的要求，属于当期的费用应确认在当期，以准确核算本期的利润。但按照我国税法规定，当月的税款在次月或次季度缴纳，所以会计人员需要按权责发生制，在当期会计期末提前预计出应属于本月承担的税费，形成了对税局的一笔应缴未缴的欠款。

本会计处理涉及等式两边的要素同时增加。税金及附加增加，记录到其账户的左边栏；应交税费增加，记录到其账户的右边栏。

会计分录⑯

借（左边栏）：生产成本——宝莱1.6T　　123000

　　贷（右边栏）：原材料——1.6T发动机　　123000

本会计处理记录了领用原材料用于待售商品汽车的生产，但该商品汽车尚未完工，仍处在加工的过程中。涉及等式左边资产要素的一增一减。生产成本增加，记录到其账户的左边栏；原材料减少，记录到其账户的右边栏。

会计分录⑰

借（左边栏）：制造费用——折旧费　56000

借（左边栏）：制造费用——车间管理人员薪酬　74000

　　贷（右边栏）：累计折旧——2号彩色印刷机　56000

　　贷（右边栏）：应付职工薪酬——车间人员工资

　　　　　　　　　74000

本会计处理记录了不能直接归集到某种产品中的生产间接成本，包括耗用的相关固定资产折旧费和应支付而未支付的员工工资。涉及等式两边一项资产增加（生产成本增加），一项资产减少（固定资产减少）；一项资产增加（生产成本增加），一项负债增加（应付职工薪酬增加）。

本分录中，固定资产的减少不是直接减少固定资产原值，而是通过让其备抵科目"累计折旧"的增加，从而减少了固定资产的价值。备抵科目的记账方向和它的母科目是相反的，所以固定资产的增加是记录到其账户的左边栏，而备抵科目的增加记录到其账户的右边栏；备抵科目的增加就意味着母科目的减少。

会计分录⑱

借（左边栏）：银行存款——建设银行　30000

　　贷（右边栏）：预收账款——风行公司　30000

本会计处理记录了企业收到客户风行公司预先支付的一笔货款，转入建行账户中，但还未交付货物或提供服务。站在客户的立场上，是预付了一笔款，叫作"预付账款"，即未来取得某种资产的权利，是一种资产；而站在收取资金的企业立场上，是预先收取了客户一笔资金但未交付货物，如果未来不能交付货款，还需要退还给客户，所以形成了企业的一项负债。

本会计处理涉及等式两边的要素同时增加。银行存款增加，记录到其账户的左边栏；预收账款增加，记录到其账户的右边栏。

会计分录⑲

借（左边栏）：银行存款——建设银行　　45000

　　贷（右边栏）：其他应收款——王小强　　45000

本会计处理记录了企业收到王小强过去借走、现在归还的一笔款项，存入建行账户。涉及等式左边的资产要素一增一减，银行存款增加记录到其账户的左边栏；其他应收款减少，记录到其账户的右边栏。

会计分录⑳

借（左边栏）：应付职工薪酬——销售部　　20000

贷（右边栏）：银行存款——建设银行　　19900
贷（右边栏）：应交税费——个人所得税　　100

本会计处理记录了企业发放欠销售部员工的工资，在发放时扣取了员工个人应该承担的个人所得税①。涉及等式左边的银行存款减少，记录到其账户的右边栏；等式右边的负债减少，记录到应付职工薪酬账户的左边栏。等式右边的两个负债内部变化一增一减，应交税费增加，记录到右边栏；应付职工薪酬减少，记录到左边栏。

在次月上交税款时，企业的会计处理为：

会计分录㉑
借（左边栏）：应交税费——个人所得税　　100
贷（右边栏）：银行存款——建设银行　　100

本会计处理记录了建设银行账户减少 100 元，因为企业代员工缴纳了个人所得税，所以一项负债也减少了。

---

① 根据国家法律规定，员工取得工资收入，达到计税标准的，其应交个人所得税由企业代扣代缴。企业如不履行代扣代缴义务，要承担相应的责任，并且员工本人仍需要补缴。本经济业务中，企业应支付员工的工资总额为20000元，但因为某位员工的所得超过了计税标准，需要缴纳税款，企业需要在实际支付其工资时，少给他本人发放 100 元，代其上交税务局，完成本属于员工个人的纳税义务。但因为税务局规定税款次月缴纳，所以企业扣取 100 元个人应缴纳的税款时，实际形成了对税务局的一项欠债。

企业发放的员工工资以及实际的工资费用，依然是19900+100=20000（元）。但实际支付时分两次支付，第一次是直接支付给员工个人账户19900元，第二次是代员工上交税务局100元。

第26讲 原始凭证：经济业务发生的一切纸质单据，是会计工作的起点

一、原始凭证的作用

会计每做出一笔经济业务的会计处理，都需要有原始的票据作为支撑。它的作用在于为经济业务的发生作证明。

【例6-6】采购员购买了一套办公桌椅，花了3500元，会计报销付款后，银行账户就少了3500元。那么，谁能证明这3500元花到哪儿了呢？怎么才能证明呢？

小黑："票据！"

小白："对，票据可以证明。哪些票据呢？如采购员拿到的卖家开具的销售清单、销售发票就可以证明。"

【例6-7】本月需支付工资12000元，意味着工资费用会增加12000元。会计要记录工资费用多12000元，以什么来证明呢？

小黑："工资明细表！工资明细表和员工考勤表就是证据，

也是原始票据。"

【例 6-8】据饭店的仓库保管员说，本月仓库里的盐用掉了20 包，面粉用掉了 100kg，谁可以证明呢？怎么能确定不是保管员自己拿回家了呢？

小黑："原材料领用单！厨师每次领用材料都要去仓库填写领用单并签上自己的名字，证明这些物资是用到了厨房，而不是被保管员拿回了家。"

【例 6-9】会计记录本月的折旧费用是 7391.67 元，什么能证明会计记录的准确性呢？

小黑："固定资产折旧明细表！会计人员需要在每月末编制折旧明细表，用以记录本月的折旧费用。"

表 6-2　固定资产管理台账与折旧明细表

2023年10月

序号	使用部门	固定资产名称	规格或型号	购入时间	数量	单价	采购金额	预计残值	预计折旧年限	折旧总月数	月折旧额	累计折旧	账面净值
1	办公室	电脑		2023年3月	3	3500	10500	0	3	36	291.67	2041.67	8458.33
2	办公室	投影仪		2023年3月	1	3000	3000	0	3	36	83.33	583.33	2416.67
3	办公室	空调		2023年3月	1	6800	6800	0	3	36	188.89	1322.22	5477.78
4	办公室	老板桌		2023年3月	1	7800	7800	0	3	36	216.67	1516.67	6283.33
5	办公室	老板椅		2023年3月	1	2200	2200	0	3	36	61.11	427.78	1772.22
6	办公室	茶桌椅		2023年3月	1	12000	12000	0	3	36	333.33	2333.33	9666.67
7	办公室	奥迪汽车		2023年4月	1	330000	330000	0	5	60	5500.00	33000.00	297000.00
8	办公室	摄像机		2023年5月	1	25800	25800	0	3	36	716.67	3583.33	22216.67
合计							398100				7391.67	44808.33	353291.67

依据表 6-2 作为原始凭证，会计做出的会计处理如下：

借：管理费用——折旧费　　7391.67

　　贷：累计折旧　　7391.67

二、原始凭证的内容及其分类

会计做出会计处理的原始证据就是原始凭证。

原始凭证包括：购货发票、采购合同、销售出货单、银行收款或付款回单、领料单、产成品加工入库单、飞机票、火车票、差旅费申请单、借款收据、借款合同、工资支付明细表、收款收据、购货清单等能够证明经济业务发生的一切纸质单据。

小黑："那我在街头买菜，用微信支付也没有发票啊！"
小白："可以打印出微信截图作为原始凭证。"

从来源上，原始凭证可以分为"外来的原始凭证"和"自制的原始凭证"。

外来的原始凭证，如飞机票、火车票、购货发票、销售方开具的销货清单，这些是外单位开给本企业的，可用于证明本企业发生了相关经济业务。

自制的原始凭证，如企业内部制作的工资表、领料单、产成品入库单、固定资产折旧明细表、成本计算表、收款收据等，这些是本单位自己制作的经济业务的证明凭证。

三、原始凭证怎么保管？

原始凭证要经过粘贴整理，附着在记账凭证之后保管。会计记账，需要记录在记账凭证上，在记账凭证上把经济业务翻译简化成会计语言，即"借什么，贷什么"，或者说"哪个账户记增加，哪个账户记减少"。那么，为什么是记这个账户而不是那个账户，或者说会计这样记账而不那样记账的依据是什么呢？

依据就是原始凭证。原始凭证决定了经济业务，决定了我们要记这个账户而不是记那个账户。

【例6-10】给员工发放工资，需做出考勤表，再依据劳动合同、公司考勤管理制度和工资奖金制度计算出每一名员工的工资额，并编制工资明细表，依据明细表从公司的银行账户中发放款项给员工个人账户。会计要记录：现金减少，应付职工薪酬减少。会计分录如下：

借：应付职工薪酬　　　50000
　　贷：银行存款　　　50000

会计这样记账的原因是记账凭证后面有一张工资计算表和银行转账的凭单，金额都是50000元。工资计算表和银行转账凭单就叫作"原始凭证"。

【例6-11】公司缴纳一笔水电费，金额500元。会计要记录：
借：管理费用—水电费　　　500
　　贷：库存现金　　　500

会计这样记账的原因是记账凭证后面有一张物业部门催收水电费的单据，还有交完水电费后水电征收部门给开具的收据或发票。

【例 6-12】生产车间领用原材料一批，金额 5000 元。会计要记录：

借：生产成本—A 产品　　5000
　　贷：原材料　　5000

会计这样记账的原因是生产工人去仓库领料，说明要用来生产 A 产品，仓库保管员开出一张领料清单，并请工人签字确认是他领用走的。这个领料单就是原始凭证，附在了记账凭证的后面，会计才做出了这样的会计处理。

【例 6-13】银行账户收到了一笔由农业银行发放的贷款，共计 500000 元。会计要记录：

借：银行存款——农业银行账户　　500000
　　贷：短期借款——农业银行××路分理处　　500000

会计这样记账的原因是银行户头确实收到了这笔钱，并且有收款凭单，还有企业与银行签订的贷款合同，约定了这笔钱的贷款时限为一年。

四、取得原始凭证后的会计工作内容

会计人员拿到原始凭证后，需要做如下工作：

第一步，根据原始凭证，用会计专业知识加以分析判断，把经济业务翻译成会计语言，即填写相关信息到记账凭证上，并把原始凭证附着在记账凭证之后；

第二步，根据经济业务的发生顺序，对记账凭证进行排序编号；

第三步，根据记账凭证上记载的内容，把相应科目的金额登记到相应账户的借方或贷方中，形成账簿；

第四步，每月末，把各个账户的金额加加减减，汇总出发生额和余额；

第五步，把所有相关账户的余额或发生额按照等式"资产+费用=负债+所有者的权+收入"列示出来，进行试算平衡。① 具体见表7-1。

第六步，把损益类各账户的发生额抄写到空白的利润表中，计算出当期利润，得到利润表；

第七步，把资产、负债和所有者权益各账户的余额抄写在空白的资产负债表中，得到资产负债表。

填报表时，从损益类账户中取数是取当期或累计的借方或贷方汇总数，即发生额，而资产、负债、所有者权益账户中是

---

① 试算平衡之后，就意味着资产负债表就会是平的。

取余额。

小黑："为什么损益类是取发生额，而其他是取余额呢？"

小白："你可以说这个月末现金余多少，应收账款有多少余额，但你能说这个月营业额余多少，费用余多少吗？不得说营业额一共发生多少，费用一共花出去多少吗？"

小黑："是哦。"

五、原始凭证的意义

综上，原始凭证在企业会计核算的过程中是至关重要的，它是会计工作的起点，是所有账目增减的原始证据。

扩展知识9 　　**原始凭证：小纸片，大威力**

别小看原始凭证，没有它，账务核算就没有根基。

1. 原始凭证不完整，如采购发票、转账凭单、交易合同等，三者缺少任意一个，企业的大额资金支付都有可能被税务局视为虚假交易，从而不认可这笔费用支出，调增企业利润，多交企业所得税。

2. 没有原始凭证，会造成股东纠纷。

张明、李亮为高中同学，张明在灯具行业打工多年，比较了解灯具行业；李亮一直从事人力资源管理工作，从未接触过灯具销售，但经张明"忽悠"，两人决定一起合伙创业。李亮投资 40 万元，张明投资 60 万元，李亮不参与灯具店的经营和管理，也从不过问灯具店的财务情况，只是偶尔介绍一些客户去店里消费。

一年后，从不参与灯具店管理的李亮，被告知灯具店因经营不善，出现不少亏损，投资本金所剩无几。李亮不认可，要求查账，但张明管理的账务一塌糊涂，仅有资金流水账记录了资金的收付，原始凭证却一张也没有。李亮认为没办法证明灯具店的亏损，自此两个本来关系不错的同学彻底闹僵了。

3. 没有原始凭证，造成公司的盈利永远要分给别人一份。

有两位股东刘立、方明，两人一起合伙创办一家公司，双方都不懂财务，也没有财务思维，没有规范的账务核算，主要资金由大股东刘立负责经手管理，仅有一名非专业的出纳人员记录资金流水账并管理部分公司账户的资金，忽视了原始凭证的收集与保管。

后来，小股东方明因生病需要治疗，要求退股，并把其原投资款和多年来公司的盈利中应该分给他的部分提前分红。没有经过任何股东会决议流程，大股东刘立通过本人账户和出纳管理的公共账户，小额多笔，把应该退还给方明的股本金和分红款转给了方明，但未取得方明出具的任何收款收据。后来，方明因病医治无效死亡，其家属要求继承方明在公司的股权，刘立说股款已退还，分红已分配，但却提供不了任何证据，仅凭银行转账记录不能证明刘立与方明之间的资金往来是退股款、分红款还是借款。

4. 没有原始凭证，股东把有限责任变成了无限责任。

公司法规定，公司股东对公司的债务，依据其认缴的出资比例和出资额为限承担有限责任。假如公司注册资金100万元，那么公司股东只要完成了其全部出资义务后，对公司在经营过程中所产生的债务不再承担责任。在以后的经营过程中，欠债主体是公司，而非公司的股东。

河滩养殖公司股东先后投资1000万元全部用于养殖散养鸡和鸭。在经营过程中，因为资金缺口，向特定对象借入资金200万元，欠供货商货款300多万元未付。后来因经营不善，养殖公司倒闭，其股东以"股东已缴纳全部出资，不再对公司债务承担责任"为由，不偿还欠款500多万元，被债权人起诉。经查账，因为股东出资的1000万元没有履行法定的出资程序，也没有原始凭证支撑，证明其已缴纳出资款最终被认定为股东没有实际缴纳其应缴的出资额，需补缴出资额1000万元，用于公司债务的偿还。

像上述这样的例子在实际的企业经营中还有很多。不管是会计工作者，还是企业老板、中高层管理者，都应该重视原始凭证的收集、保管与账务处理，因为它是会计工作的起点，是经济业务发生的原始证明。

第27讲 记账凭证有固定格式，用于及时记录经济业务

一、什么是记账凭证

企业每发生一笔经济业务，会计人员都应取得原始凭证。取得原始凭证之后要进行分析判断，确定经济业务涉及哪些账户，以及账户增或减的金额，再把经济业务转化为会计语言，记录在专门的地方。这个"专门的地方"或前文说的"小纸片"就叫作"记账凭证"，它是登记相关明细账户增减的依据。

这个小纸片，一般是空白的、带固定格式的，方便会计人员及时记录经济业务（图6-1）。

记账凭证
2023年1月20日

公司名称：江西东方红商贸有限公司　　　　　　凭证号：**4** ▲▼　附件：　　张

摘要	会计科目		借方金额	贷方金额
	总账科目	明细科目		
# 合计：整				

图6-1 记账凭证示意图①

二、记账凭证上记载的内容

从图 6-2 中可以看出，记账凭证包含的内容有："记账凭证"字样、凭证字、凭证编号、凭证日期、摘要栏、总账科目、明细科目、借贷金额、凭证填写人（制单人）、凭证审核人、登记账簿人（过账人）等。

记账凭证

转 字 6 号	日期：2023/2/17 第 2 期				顺序号 53 附单据 1 张	

摘 要	会 计 科 目	借方金额 亿千百十万千百十元角分	贷方金额 亿千百十万千百十元角分
销售收入	1122 - CU04 - 1105 - 应收账款 - 天津家电总公司 - 张琳琳 0205	5578000	
销售收入	600102 主营业务收入 - 家用机器人销售收入		5000000
销售收入	22210102 应交税费 - 应交增值税 - 销项税额		578000
合 计： 伍万伍仟柒佰捌拾元整		5578000	5578000

审核：　　　　　　　　　　过账：　　　　　　　　　　　制单：Manager

图 6-2　记账凭证示意图②

三、记账凭证的作用

作用一：经济业务转化为会计语言的载体。

256

作用二：登记账簿的依据。

作用三：按企业经济业务发生的顺序进行排序，便于查阅账务。

会计人员依据记账凭证上登记的信息，涉及的账户、业务摘要、发生金额，包括记账凭证的编号，都需要登记在账簿中；如表6-5第二列，对哪笔账目有疑问时，可通过查找明细账上的凭证编号记录，再反向查找，通过凭证编号查找到记账凭证，从而查到其后附的原始凭证，去分析原始的经济业务。

作用四：后附原始凭证并装订成册，利于原始凭证的保管与查找。

四、记账凭证的编号

每一张记账凭证后都会附一张或多张原始凭证。会计需要根据原始凭证的内容，分析判断发生了什么样的经济业务，然后把经济业务转化为会计语言，填写在记账凭证上。企业每天都会发生多笔经济业务，每天都会有很多原始凭证，该怎么记录呢？

这就需要把经济业务按照时间发生的顺序进行排序。

会计根据当天的经济业务取得的原始凭证进行整理归集，附着在记账凭证后面，再加以专业的分析判断，填制记账凭证。

填完一张记账凭证，就给它编号，比如2月份发生第一笔经济业务，就在记账凭证上编上"1号"；第二笔经济业务，填写完记账凭证号，编写"2号"；以此类推，直至当月最后一笔记账凭证。当月所有经济业务发生完毕后，再把当月的所有凭证装订成册，保管起来。3月份的记账凭证再重新从"1号"开始编写，直至3月份经济业务全部结束后，也装订成册。

图6-3 会计凭证封面示意图

五、依据记账凭证上的记载内容登记账簿

有三张记账凭证内容如下：

（1）记-4号凭证

2023年2月7日 销售A产品一批

借：银行存款——农业银行 20000

　　贷：主营业务收入——A产品 20000

（2）记-5号凭证

2023年2月9日，从农行取现金

借：库存现金　　　15000

　　贷：银行存款——农业银行　　　15000

（3）记-6号凭证

2023年2月10日，办公室许山报销电话费

借：管理费用——通信费　　　1300

　　贷：库存现金　　　1300

这三个会计分录涉及四个明细账户，分别是：

"银行存款——农业银行"

"主营业务收入——A产品"

"管理费用——通信费"

"库存现金"

依据记账凭证上的内容登记各明细账户如表6-3—表6-7所示（请注意灰色部分）。

表6-3　应收账款——上海一百科技公司　　　（单位：元）

日期	凭证编号	摘要	借方金额	贷方金额	余额方向	余额
2003/01/01		上年结转			平	
2003/01/01	记-1	发货给上海一百	150000		借	150000
2003/01/01	记-5	发货给上海一百	117000		借	267000
2003/01/01	记-6	发货给上海一百	54000		借	321000
2003/01/01	记-7	发货给上海一百	56000		借	377000

日期	凭证编号	摘要	借方金额	贷方金额	余额方向	余额
2003/01/01	记-9	发货给上海一百	107000		借	484000
2003/01/15	记-17	发货给上海一百		107000	借	377000
2003/01/17	记-25	收上海一百货款		54000	借	323000
2003/01/22	记-34	收上海一百货款		117000	借	206000
2003/01/23	记-36	收上海一百货款		56000	借	150000
2003/01/31	记-43	收上海一百货款		150000	平	0
2003/01/31		本 月 合 计	484000	484000	平	
2003/01/31		本 年 累 计	484000	484000	平	
2003/02/17	记-1	发货	12000		借	12000
2003/02/17	记-6	销售欠款	55780		借	67780
2003/02/20	记-7	销售欠款	97800		借	165580
2003/02/20	记-11	销售欠款	67000		借	232580

表 6-4　库存现金账户　　　　　　　　（单位：元）

日期	凭证编号	摘要	借方金额	贷方金额	余额方向	余额
2023/01/01		上 年 结 转			借	5000
2023/01/01	记-25	支付快递费		22	借	4978

（续表）

日期	凭证编号	摘要	借方金额	贷方金额	余额方向	余额
2023/01/01	记-5	马小峰报销办公用品		156	借	4822
2023/01/01	记-7	李晓报销招待费		2300	借	2522
2023/01/01	记-19	销售部刘利还借款	4500		借	7022
2023/01/31		本 期 合 计	4500	2478	借	7022
2023/01/31		本 年 累 计	4500	2478	借	7022
2023/02/09	记-5	从农行取现金	15000		借	22022
2023/02/10	记-6	许山报销电话费		1300	借	20722

表6-5　管理费用多栏明细账　　　　（单位：元）

日期	凭证编号	摘要	借方	贷方	费用明细						借贷	余额
					办公费	业务招待费	交通差旅费	折旧费	工资福利	车辆使用费		
2023/01/01		上年结转									平	0
2023/01/01	转-1	核销长城卡开支	500				500				借	500
2023/01/01	现付-1	付交通差旅费	1200				1200				借	1700
2023/01/03	现付-2	报销医药费	5000						5000		借	6700
2023/01/03	现付-3	报销办公用品费	2000		2000						借	8700
2023/01/03	现付-4	报招待费	6000			6000					借	14700
2023/01/09	现付-6	付交通差旅费	500				500				借	15200
2023/01/09	银支-4	付水电费电话费	2000		2000						借	17200
2023/01/18	现付-7	付车辆过路费	600							600	借	17800
2023/01/31	转-11	结转工资费用	30550						30550		借	48350
2023/01/31	转-12	结转折旧费用	31138.88					31138.88			借	79488.88
2023/01/31	转-16	结转本期损益		79488.88							平	
2023/01/31		本 期 合 计	79488.88	79488.88	4000	6500	1700	31138.88	35550	600	平	0
2023/01/31		本 年 累 计	79488.88	79488.88	4000	6500	1700	31138.88	35550	600	平	0
2023/02/08	现付-1	报销办公用品费	200		200						借	200
2023/02/09	记-6	许山报销通讯费	1300		1300						借	1300
2023/02/29												

表 6-6　主营业务收入——A产品　明细分类账 （单位：元）

日期	凭证编号	摘要	借方金额	贷方金额	余额方向	余额
2023/01/01		上年结转				0
2023/01/01	记-1	发货给上海一百		150000	贷	150000
2023/01/01	记-5	发货给上海一百		117000	贷	267000
2023/01/01	记-6	发货给上海一百		54000	贷	321000
2023/01/01	记-7	发货给上海一百		56000	贷	377000
2023/01/01	记-9	发货给上海一百		107000	贷	484000
2023/01/01	记-10	发货给大地公司		30890	贷	514890
2023/01/01	记-14	发货给绿叶公司		130000	贷	644890
2023/01/01	记-17	销售A产品一批		23450	贷	668340
2023/01/01	记-20	销售A产品一批		125000	贷	793340
2023/01/01	记-23	销售A产品一批		54000	贷	847340
2023/01/01	记-30	结转入本年利润账户	847340		平	
2023/01/31		本期合计	847340	847340		
2023/01/31		本年累计	847340	847340		
2023/02/07	记-4	销售A产品一批		20000	贷	20000

表 6-7　**银行存款——农业银行　日记账**　（单位：元）

日期	凭证编号	摘要	借方金额	贷方金额	余额方向	余额
2023/01/01		上 年 结 转			借	300000
2023/01/01	记-1	发放 12 月份工资		67000	借	233000
2023/01/01	记-4	支付北京城铁公司货款		158000	借	75000
2023/01/01	记-6	支付 11、12 月份水电费		32000	借	43000
2023/01/01	记-17	收回上海一百货款	107000		借	150000
2023/01/01	记-25	收回上海一百货款	54000		借	204000
2023/01/01	记-34	收回上海一百货款	117000		借	321000
2023/01/01	记-36	收回上海一百货款	56000		借	377000
2023/01/01	记-43	收回上海一百货款	150000		借	527000
2023/01/31		本 期 合 计	484000	257000	借	527000
2023/01/31		本 年 累 计	484000	257000	借	527000
2023/02/07	记-4	收到销售货款	20000		借	547000
2023/02/09	记-5	从账户提取现金一笔		15000	借	532000

六、将会计分录转录到记账凭证的过程分析

【例6-14】江西东方红商贸有限公司于2023年1月10日设立，在光大银行开设了银行账户，主营各种品牌打印机的销售。2023年1月20日，江西东方红商贸有限公司收到股东张小三投资的一笔500000元的款项，且该款项由张小三的个人银行卡转入以公司名义开设的基本存款账户——光大银行里。

分析：对于本笔经济业务，站在公司的立场上，银行账户里的钱多了，来源于股东的投资款，所以是一项资产（即货币资金）增加，股东的投资款（即所有者的权）增加。这笔经济业务涉及两个账户，即"银行存款"和"实收资本"。站在会计恒等式的角度来说，左边的资产要素增加，右边的"所有者的权"增加，等式两边同增，金额相同，不影响等式的平衡。

思考：本笔经济业务需要在两个明细账户里登记，一个是"银行存款"，因为它属于资产，在等式的左边，所以增加记录在其账户的左边栏；另一个是"实收资本"，因为它属于"所有者的权"，在等式的右边，所以增加记录在其账户的右边栏。

对于本笔经济业务，会计人员进行了专业判断。

写出会计记录如下：

借：银行存款——农行银行　500000

　　贷：实收资本——张小三　500000

会计人员在脑海中先转化为会计语言，再把判断记录到记账凭证上。

记账凭证如图6-4所示 。

记账凭证
2023年1月20日

公司名称：江西东方红商贸有限公司　　　　　　　凭证号：　**1**　　附件：　**2**　张

摘要	会计科目		借方金额	贷方金额
	总账科目	明细科目		
收到张小三投资款	银行存款	农业银行	500,000.00	
收到张小三投资款	实收资本	张小三		500,000.00
合计：伍拾万元整			500,000.00	500,000.00

会计主管：李强　　　过账：　　　　复核：王晓光　　　　制单：刘小利

图6-4　江西东方红商贸有限公司记账凭证示意图①

图6-4中记录的内容，可全部翻译为"普通人类语言"如下：

2023年1月20日，公司农业银行账户里的钱增加了，是股东张小三转进来的投资款。"银行存款"账户记账时要往其账户的左边栏（借方栏）登记，代表银行存款增加了一笔500000元；这笔500000元来源于股东的投资款，所以"实收资本"账户也增加了500000元，记账时要往其右边栏（贷方栏）登记。本张记账凭证为什么要这样记？因为后面有2张原始凭证作为证据。本笔经济业务是本月的第一笔业务，编号为"1号"。填写本张记账凭证的人是刘小利，核对检查人是王晓光。因为本笔经济业务还未登记到相应的明细账簿中，所以登记账簿的人（过账人）为空。

由此可见，用"普通人类语言"需要大量的文字才能描述清楚一笔经济业务，而用会计语言，只需要简单的记录即可表述清楚复杂的经济业务。

具体登记账户内容如表 6-8 和表 6-9 所示。

表 6-8　账户名称：银行存款——农业银行　　（单位：元）

年度	日期	凭证编号	内容摘要	金额增加（借方）	金额减少（贷方）	余额
2023 年	1-20	1	收到股东张小三投资款	500000		500000

表 6-9　账户名称：实收资本——张小三　　（单位：元）

年度	日期	凭证编号	内容摘要	金额减少（借方）	金额增加（贷方）	余额
2023 年	1-20	1	股东张小三投入的资金		500000	500000

【例 6-15】2023 年 1 月 21 日，江西东方红商贸有限公司正式营业，需要购置办公用品、电脑、空调等办公设备。其中，

打印纸、办公桌、椅子、笔、计算器、垃圾桶、文件夹等各种零星小额办公用品共花费 3500 元；购买电脑 2 台，每台 5000 元，花去 10000 元；购买空调 1 台，每台 20000 元；同时购买 50 台 HP1020 打印机，每台 1200 元。其中，一台打印机留作自己公司使用，另外 49 台则用于销售。

分析：上述例子中有多笔经济业务的发生，但总结起来可分为两类：一类叫"花钱买费用"（费用化支出）；一类叫"花钱买资产"（资本化支出）。比如办公用品花掉的 3500 元就叫作"花钱买费用"；买电脑、空调、打印机的部分就叫作"花钱买资产"。

在"花钱买资产"这一类中，又可以分为两类：一类是"花钱买自用的资产"（固定资产），一类是"花钱买将来要销售的资产"（库存商品）。

思考：本例中的多笔经济业务会引起费用和一些资产增加，比如管理费用、固定资产、库存商品都会增加；但同时，又会引起另一种资产，即银行存款这种资产的减少。它属于等式左边两种要素，即资产和费用的一增一减，不影响公式的平衡。

请默念口诀三遍："有借必有贷，借贷必相等""有左必有右，左右必相等"。

写出会计记录如下：

借：管理费用——办公费用　　　3500

借：固定资产——空调（1台）　　20000

借：固定资产——电脑（2台）　　10000

借：固定资产——打印机（1台）　　1200

借：库存商品——HP1020打印机（49台）　　58800

　　贷：银行存款——农业银行　　60000

　　贷：银行存款——农业银行　　30000

　　贷：银行存款——农业银行　　3500

转录到记账凭证上，记录如下。

记账凭证
2023年1月20日

公司名称：江西东方红商贸有限公司　　　　凭证号：　2　　附件：　6　张

摘要	会计科目		借方金额	贷方金额
	总账科目	明细科目		
刘晓红报销购办公用品一批	管理费用	办公费	3,500.00	
购办公室用空调柜机一台20000元*1台	固定资产	空调	20,000.00	
购办公电脑2台*5000元	固定资产	电脑	10,000.00	
购办公打印机1台*1200	固定资产	打印机	1,200.00	
购商品打印机49台*1200	库存商品	HP打印机	58,800.00	
支付打印机50台货款	银行存款			60,000.00
支付空调、电脑货款	银行存款			30,000.00
支付办公用品货款	银行存款			3,500.00
合计：玖万叁仟伍佰元整			93,500.00	93,500.00

会计主管：李强　　　　过账：　　　　复核：王晓光　　　　制单：刘小利

图6-5　江西东方红商贸有限公司记账凭证示意图②

提示：在登记银行存款明细账时，必须逐日逐笔登记，不得把几笔付款合计登记成一笔。例如，图6-5是分三笔分别支付给三家的货款，必须一笔一笔登记，不得在摘要栏中写"购办公用品、打印机、电脑、空调等"，然后在银行存款明细账中合计登记一笔付款 93500 元。这样登记不利于查账和对账，在财务实务工作中是不被允许的。同样，对于库存现金日记账也一样，必须逐日逐笔登记。

【例 6-16】2023 年 1 月 22—31 日，江西东方红商贸有限公司共销售出 20 台打印机，每台售价 1600 元。其中，零售 15 台，货款共计 1600×15＝24000（元），全部收到并存入银行账户；另外 5 台销售给了渤海公司，但货款 8000 元尚未收到。

分析：本经济业务涉及多个账户，有银行存款、应收账款、主营业务收入、库存商品、主营业务成本等。

思考：哪些账户增加了？哪些减少了？银行账户、应收货款增加了，同时销售额也增加了；打印机销售出去后，自家仓库里减少的资产到了供货商的仓库里，所以一项资产减少，一项费用增加了。成本价是 1200 元/台，销售出去 20 台，成本共计 20×1200＝24000（元）。

写出会计记录如下：

（1）写出第一个关于销售打印机的会计记录

借：银行存款——农业银行　　24000

借：应收账款——渤海公司　　8000

　　贷：主营业务收入——HP 打印机　　32000

记账凭证如下。

记账凭证

2023年1月20日

公司名称：江西东方红商贸有限公司　　　　　　凭证号：　**3**　　附件：　**12**　张

摘要	会计科目		借方金额	贷方金额
	总账科目	明细科目		
销售打印机货款存入	银行存款	农业银行	24,000.00	
赊销打印机5台	应收账款	渤海公司	8,000.00	
本月销售打印机收入	主营业务收入	HP打印机		32,000.00
合计：叁万贰仟元整			32,000.00	32,000.00

会计主管：李强　　　过账：　　　复核：王晓光　　　　制单：刘小利

图 6-6　江西东方红商贸有限公司记账凭证示意图③

表述为"普通人类语言"如下：

本月共销售了 20 台打印机，每台售价为 1600 元，所以本月销售收入（主营业务收入）增加了 32000 元。但只有一部分收到了货款，并且货款存入了农业银行账户，而销售给渤海公司的 5 台打印机暂未收到货款。农业银行增加了 24000 元，登记明细账时要登记在借方栏，表示银行账户里的钱多了；应收渤海公司的货款也增加了 8000 元，登记明细账时要登记在借方栏，表示渤海公司欠款增加了；同时销售额也增加了，登记明细账时要登记"主营业务收入——HP 打印机"明细账户的贷方栏，表标销售额增加了。

（2）第二个关于库存减少的会计记录

借：主营业务成本——HP 打印机　24000

　　贷：库存商品——HP 打印机　24000

表述为"普通人类语言"如下：

本月共销售了 20 台打印机，当时每台的购进成本为 1200 元，现在打印机已销售出去，所以本月费用（主营业务成本）增加了 24000 元。"主营业务成本——HP 打印机"这个费用类账户增加，要登记在对应的明细账户的借方；"库存商品——HP 打印机"这个资产类账户减少，要登记在对应的明细账户的贷方。

【例 6-17】2023 年 1 月 28 日，江西东方红商贸有限公司销售部员工报销差旅费 3600 元，报销请客户吃饭的业务招待费 1400 元。

写出会计记录如下：

借：销售费用——差旅费　3600

借：销售费用——业务招待费　1400

　　贷：银行存款——农业银行　5000

【例 6-18】江西东方红商贸有限公司 2023 年 1 月份共聘用 5 名员工，其中 3 名销售部员工，一名会计人员，一名行政人员。月末，统计 5 名员工的应发工资总额为 25000 元整。其中，销售部员工工资总额为 12000 元。按照公司制度，1 月份的工资应在次月 15 号之前发放，但按照权责发生制的记账基础，实际上 1 月份的工资费用已经产生了 25000 元，只是还没有完成实际支付。

分析：本经济业务跟出纳员无关，不需要登记资金明细账，因为不涉及资金的收付，但它影响了企业当月的利润核算，会计人员不能因为不需要支付资金就不记录属于本月的工资费用，所以会计人员是需要记录的。

思考：怎么记录？这项业务涉及等式两边的哪两个要素呢？工资费用属于本月，需要记录费用的增加。同时，等式右边形成了对员工的一项负债。等式左边费用增加，等式右边欠员工的工资增加。销售部员工的工资属于销售费用，行政人员和会计人员工资属于管理费用。

写出会计记录如下：

摘要为：预先提取本月应付未付工资费用

借：销售费用——职工薪酬　　　12000

借：管理费用——职工薪酬　　　13000

　　贷：应付职工薪酬——工资　　　25000

【例6-19】2023年1月30日，江西东方红商贸有限公司支付了2023年1月至2023年3月的房租费用，每月10000元，共计30000元。

写出会计记录如下：

借：管理费用——房租费用　　　10000

借：预付账款——房租费用　　　20000

贷：银行存款——农业银行　　　30000

提示：本例中，依据权责发生制，属于本月的房租费用只有 10000 元，其他 20000 元是以后会计期间的房租费用，属于预先支付给房东的款项。

【例 6-20】绿叶公司 2023 年 1 月购买了一台生产用机器设备，价值 500000 元，预计可以使用 5 年（1 年有 12 个月），预计残值率 5%，即未来残值额为 25000 元。按照直线法计算折旧，月末，计算当月的固定资产损耗为 500000×（1-5%）÷5÷12＝7917（元）。

上月末，会计人员需要记录本月的折旧费用如下：

借：制造费用——折旧费　　　7917

　　贷：累计折旧　　　7917

第28讲　填写记账凭证后，要进行过账、对账、利润计算和结账

一、过账

填写完记账凭证后，需要把记账凭证上记载的相关内容登记到相应的明细账簿中，俗称"登账（登记账簿)"，也叫"过账"。

使用电脑财务软件记账后，过账工作已不需要手工来做，不会发生人为造成的登账错误。

二、对账

当月所有记账凭证的内容登记入相应的账簿之后，出具报表之前，还需要进行账账核对、账实核对等工作，核对无误后再进行利润计算。

1. 账账核对，即账与账之间的核对

（1）出纳员记的资金账和会计员记的资金账进行核对。因为会计员对出纳员的所有资金收付都按照原始凭证重新登记了一遍，如果双方都登记无误，那么二者之间的资金收款额、付

款额、余款额应该是核对一致的；如果不一致，就需查明原因，究竟是出纳员付错了钱，还是会计员登错了账？这种出纳员的账与会计员的账核对，就是账账核对。

出纳员一般按单式记账法记账，即只登记资金的收入额和支出额，而不记录资金的来源和去向。而会计员是按复式记账法记账的，不仅记录资金的增减，还记录对应账户的增减。

（2）仓库保管员登记的实物账和会计记录的实物账进行核对。同资金账一样，会计员也把仓库保管员记的账按照复式记账法重新登记了一遍，如果双方都登记无误，那么二者之间的货物采购数量和金额、发出结存的数量金额应该是一致的。这种核对也是账账核对。

同样，仓库保管员也是按单式记账法记账，只记录货物的入库、领用增减，而不记录货物的来源和去向。会计员按复式记账法记账，不仅要记录库存商品的增加，还要记录库存商品是用钱买来的还是赊购来的，买来的对应的是银行存款，赊购来的对应的是应付账款；不仅要记录库存货物的减少，还要记录对应的账户是主营业务成本、生产成本还是被在建工程领用了。

（3）会计员记的明细账与总账进行核对。有些企业明细账由一名会计员记录，总账由另一名会计员记录，即使是同一个人登记，在工作中也不可避免地会出现人为的错误。

比如，某企业共有三个赊销客户，其中客户 A 的欠款余额 30 万元，客户 B 欠款 20 万元，客户 C 欠款 50 万元。那么，总账就应该是三个明细账合计的 100 万元余额，表示共有外欠贷款 100 万元需要收回。

手工记账法下，因为总账和明细账是分别登记的，同一笔账要在明细账和总账中都进行登记（即登记两遍），所以容易出现抄写或加总错误。但如果使用电脑，利用财务软件记账的话，是不会出现差异的，所以实际上是不需要再进行核对的。

2. 账实核对与财产清查

账实核对，意思是账面记录的数字与实际的资产盘点情况进行核对，以确定资产的真实性、完整性、准确性。账账核对相符之后并不能确保数据一定无误，还需要核对实际的数据与账面数据是否一致。

（1）现金的盘点。会计员和出纳员的账面记录库存现金余额都为 25000 元，但保险柜里的钱究竟有没有 25000 元，这需要"开箱验货"才能证明。会计员需要监督、盘点出纳员手上的资金，以确保资金的真实完整存在。具体方法是打开保险柜，查验现金的实际数与账面记录是否一致。

（2）银行账户资金的盘点。会计员和出纳员同时登录网上银行看最新的银行记录，或由银行提供对账清单，看银行的实际余额与账面记录的余额是否一致。

由于资金的重要性，除了月末盘点，每周至少也要盘点一次，月中还可以不定时地随机抽盘。一般资金收付不太频繁的小型企业出纳员可以每日发送资金余额表给老板或相关人员过目。

表6-10 货币资金盘点表

盘点日期：

账户名称	明细账户	账面金额	盘点金额	盘点明细	账实差异	备注
库存现金				面值100元 张 元 面值50元 张 元 面值20元 张 元 面值10元 张 元 面值2元 张 元 其他面值共计 元		
账户名称	明细账户	账面余额	银行对账单	未达账款调整	账实差异	备注
银行存款	工行			银行加：POS机刷卡未达		
	农行					
	中信					
银行存款小计						

（3）仓库货物的盘点。会计员月末和仓库保管员一起，对仓库里的所有物资进行实地盘点，查看仓库里各项物资有没有毁损、丢失、数量与账面记录是否一致等。仓库的物资至少每月进行一次盘点，做出盘点报告。对于损毁、超期积压的货物，库存量过大、周转期过长的异常情况，会计员应会同相关部门或人员及时分析并查明原因，上报企业负责人。

（4）固定资产盘点。对于企业在用的各项固定资产，如电脑、空调、办公家具、机器设备、常用工具等，会计员需要会同行政部相关人员或实际使用保管人一起，对企业的固定资产进行实地盘点，看固定资产是否还存在，有没有丢失、毁损。固定资产一般至少一年盘点一次，有条件的企业也可以半年盘点一次。

以上这些资产盘点的方法都称为"实地盘点法",实物资产可以去查看、清点,以确定其是否真实存在,现存的账面金额是否准确。如果确定存在毁损或丢失等情形,就不能再作为资产在报表上体现了,需要把它们从资产中抹去,转化为一笔费用或意外的损失,从而减少企业的利润额。

但有些资产,比如"应收账款"和"其他应收款",即别人欠我们的各种款项,这些没有实物资产,有的只是别人欠款的欠条或者合同、付款证明等。那么,如何核实这些资产的真实性和准确性呢?

(5)往来款项的盘点。应收款项、应付款项等这一类别的资产或负债,因为有来有往,经常发生,所以一般把它们合称为"往来款项"。对于这一类资产,因为无法像实物资产一样去查看,也无法去看其他企业的账面记录,所以一般使用"发函询证法"进行核实,即寄一封信,问问别人,是否认可这个金额。

往来账对账函

江西绿叶网络技术有限公司:

本公司正在对截至 2023 年 12 月 31 日与贵公司的往来款项进行确认,下列数据出自本公司账簿记录(明细见附件),如与贵公司记录相符,请在本函下端"信息证明无误"处签章证明。如有不符,请在"信息不符"处签章,并列明不符金额。

回函请直接寄回本公司。

本公司通信地址：×××

联系人：×××

电话号码：×××

截止日期	贵司欠我单位	我单位欠贵司	备注

北京香山大地商贸有限公司（加盖公章）

年　　月　　日

请确认对账结论：

结论1：所列信息与我司账面记录相符，信息证明无误！

我司将于　　年　　月　　日前还款。

江西绿叶网络技术有限公司（盖章）

经办人：

年　　月　　日

结论2：所列信息与我司账面记录不符，具体情况如下：

江西绿叶网络技术有限公司（盖章）

经办人：

年　　月　　日

除了核对账务之外，会计人员还需要依据公司信用管理制度，及时发送相关客户欠款信息给销售负责人，一同催收客户欠款。

（6）负债的盘点。资产一般都有其外在的物质形态，比如"库存现金"有保险柜里的钱；"库存商品"和"原材料"有仓库里的货；"应收账款"有客户赊账的欠条或合同；"固定资产"有实际存在的在用设备。但是负债和所有者权益通常没有外在形态，因为负债和所有者权益是资产的补充说明，说明资产的来源性。怎么盘点它们，以证实其真实性呢？

从便于盘点的角度，我把负债分为三类：

第一类：内部负债；

第二类：经常变化性的外部负债；

第三类：不常变动的外部负债。

第一类：内部负债，如企业欠员工的工资。

通常当月的员工工资会在次月发放，所以到月末会形成企业欠员工的一笔未支付的工资费用，余额会在应付职工薪酬账户的贷方，表示欠款未付。会计人员应当对当月的应发工资总额做到心中有数，能够基本确认欠款的余额。比如，每月工资应发总额有 50000 元左右，到月末，应付职工薪酬账户贷方余额为 51000 元或 49000 元，说明这笔负债的记录基本准确。至于发放时实际支付的金额可能稍高于或低于账面期初余额，不会对当期利润的准确性有太大影响，所以会计人员不需要追求绝对的准确金额。

但如果到月末，会计人员查看应付职工薪酬的余额为借方余额300元，那么可以确定会计员绝对是遗漏了当月应付未付的工资费用，需要去补记工资费用入账，否则当月的利润会不准确，与实际情况差异较大。

【例6-21】2023年1月31日，绿叶公司人力资源部尚未对当月的员工考勤、奖金、绩效等做出全面统计，无法确认准确的应发工资总额。但按照权责发生制的要求，属于当期的工资费用必须计入当期的期间费用才能结清账务、出具报表，所以财务部需要提前预计出当月的工资费用入账。这该怎么办呢？

解决方案：财务部可以根据以往月份的工资发放情况和销售状况，参考销售提成制度等，预估本月工资总额。假如预估总额为65000元，那么本月工资费用应该在65000元左右，但实际有可能高或低一些。

会计人员本应编写如下会计分录：

借：销售费用——员工薪酬　　65000

　　贷：应付职工薪酬——工资　　65000

但在编写本会计分录之前、核查"应付职工薪酬——工资"的账面余额后，发现当前账户余额为贷方1300元，而实际上公司并不欠某人的工资，那么可以分析这1300元是因为上个月多预计了工资费用。2023年1月15日在发放2022年12月份的工资时，实际并不需要支付这1300元，从而形成了账户的贷方余额。这时可以把金额调整在本月，在计算本月工资总额时，少预计1300元，让2023年1月31日的"应付职工薪酬——工资"的账面余额为65000元即可。

所以，会计人员实际编写会计分录如下：

借：销售费用——工资　　　63700

　　贷：应付职工薪酬——工资　　　63700

本笔会计处理登账后，"应付职工薪酬——工资"的账户余额为原来的1300元加上补记录的63700元，合计贷方65000元。只要余额为贷方65000元，那么这笔内部负债即为相对准确。

第二类：不常变动的外部负债。

如企业欠银行的短期贷款或长期贷款，这类金额一般笔数少、金额大，企业会计应建立贷款备查账，月末看短期贷款和长期贷款余额，核对备查账，确认数字是否有误。

第三类：经常变化性的外部负债。

如应付账款、其他应付款等，这些与应收账款、其他应收款一样，被称为"往来款项"；企业经常发生赊购材料，同时又会依据合同和自身资金情况给供货商结算部分或全部货款，且应付账款的金额每月都会发生变化。

对于这样的负债，会计人员要在月末编制"各明细科目的余额列表"——"科目余额表"，从中发现明显不合理、记串账户①、设置多头账户②的情况，从而加以调整。

当然，如果使用电脑财务软件记账，科目余额表也不需要人工编制，软件可以自动完成。实际上，如果使用财务软件，除了取得原始凭证、汇总粘贴原始凭证、根据原始凭证分析判断经济业务、填制记账凭证、账实核对、资产清查这些工作需要人工来做以外，其他工作，如过账、试算平衡表、科目余额表、明细账总账核对、月末账结法结转利润、制作财务报表等都可以由财务软件自动完成，这也要求财务人员一定要学会熟练使用财务软件。

会计人员需要熟悉企业的债务情况。每到月末，养成查看各科目余额列表的习惯，以核实具体某个供货商货款的余额，及时发现记账错误。

对于其他大额负债款项或长时间不发生业务往来的款项，一般半年要发函询证一次，以核实其真实性和准确性。

---

① 记串账户：如把应付 A 公司的款项错记在了 B 公司的账户下。

② 多头账户：会计人员为一家供货商设置了两个明细账户，如"应付账款——北京大地公司"和"应付账款——北京大地公司"，或"应收账款——绿叶公司"和"预付账款——绿叶公司"，账户发生金额变动时，有时登记在这个明细账户中，有时登记在那个明细账户中。月末，通过比对各科目余额列表，就会发现同一个客户设置了两个或多个明细账户。

三、利润计算

当期的利润计算有两种方法：一种叫"表结法"，一种叫"账结法"。

1. 表结法，即不设置专门的利润账户，而通过一个表格——利润表来计算利润的方法

月末，通过填列利润表，把利润表最终计算出来的利润额填入资产负债表中的"未分配利润"一栏的方法，就叫作"利润的表结法"。在手工记账方式下可以采用这种方法，以减少结转利润过程中的工作量。

但由于财务软件的广泛使用，目前结转利润是通过软件自动结转的，不需要耗用人工工作量，且电脑软件的设计不适用于表法，只采用账结法。

2. 账结法，即通过设置"本年利润"账户，在账户内反映企业利润并通过它来计算利润实现的过程的方法

利润类要素对应的会计科目有两个：一个叫"本年利润"，一个叫"未分配利润"。

"本年利润"反映的是企业当月实现的利润和本年度累积实现的利润；"未分配利润"反映的是成立年度起自本年度累计实现、尚未分配的利润。未分配利润实际包含了本年利润，它等于年初累计未分配利润加本年累计实现的利润。

账结法中有个口诀要熟记：所有损益类科目期末不保留余额。

月末，需要把损益类账户的借方或贷方的发生额（通常情况下，费用类账户日常发生额都在借方，收入类账户日常发生额都在贷方）由相反方向结转相等金额，把其发生额都转入本年利润账户的借方或贷方，这样所有损益类账户中，借方发生额＝贷方发生额，损益类账户期末余额为0。

本年利润是所有者权益科目，其增加记贷方，减少记借方。余额在贷方，表示"贷方发生额−借方发生额>0"，表示盈利；余额在借方，表示"贷方发生额−借方发生额<0"，表示亏损。

本年利润在月末是有余额的，反映当期利润的盈亏状况，但到年末，本年利润账户也将不留余额，把其余额由其相反方向结转相等金额，并入到"未分配利润"账户中去，实现两个利润账户的合并。

表6-11 账户名称：本年利润 （单位：元）

年	日期	凭证编号	摘要	借方	贷方	余额方向	余额
			上年结转				0
2023年	1月31日	45号	本月收入类账户发生额全部汇总转入		300000	贷	30000
2023年	1月31日	46号	本月费用类账户发生额全部汇总转入	250000		贷	50000
			本月合计	250000	300000	贷	50000

年	日期	凭证编号	摘要	借方	贷方	余额方向	余额
2023 年	2 月 28 日	50 号	本月收入类账户发生额全部汇总转入		380000	贷	430000
2023 年	2 月 28 日	51 号	本月费用类账户发生额全部汇总转入	270000		贷	160000
			本月合计	270000	380000	贷	160000
			本年累计	420000	680000	贷	160000

从表 6-11 中可以看出：2023 年 1 月，该企业利润额为 300000−250000＝50000（元），2023 年 2 月，该企业利润额为 380000−270000＝110000（元），2023 年 1-2 月，该企业利润累计额为 680000−420000＝160000（元）。

表 6-12　会计科目名称：主营业务收入　　（单位：元）

年	日期	凭证编号	摘要	借方	贷方	余额方向	余额
			上年结转				0
2023 年	1 月 3 日	1 号	销售货物一批		30000	贷	30000
2023 年	1 月 5 日	5 号	销售货物一批		50000	贷	80000
2023 年	1 月 9 日	8 号	销售货物一批		80000	贷	160000
2023 年	1 月 12 日	11 号	绿叶公司退回货物 5 件		−20000	贷	140000

（续表）

年	日期	凭证编号	摘要	借方	贷方	余额方向	余额
2023 年	1 月 15 日	19 号	销售货物一批		56000	贷	196000
2023 年	1 月 18 日	25 号	销售货物一批		30000	贷	226000
2023 年	1 月 22 日	35 号	销售货物一批		50000	贷	276000
2023 年	1 月 28 日	40 号	销售货物一批		24000	贷	300000
2023 年	1 月 31 日	45 号	转入本年利润账户	300000		平	0
			本月发生额合计	300000	300000	平	0

　　表 6-11 中，2023 年 1 月本年利润账户的贷方金额是从表 6-12 中主营业务收入账户的借方结转过来的，结转后主营业务收入的借方＝贷方，期末无余额。

　　表 6-11 中，第 45 号记账凭证的会计分录如下：

记账凭证
2023年1月20日

公司名称：江西东方红商贸有限公司　　　　　　　凭证号： **45**　　附件：　　张

摘要	会计科目		借方金额	贷方金额
	总账科目	明细科目		
收入转入本期利润	主营业务收入	HP打印机	300,000.00	
收入转入本期利润	本年利润			300,000.00
# 合计：叁拾万元整			300,000.00	300,000.00

会计主管：李强　　　　　过账：　　　　　复核：王晓光　　　　　制单：刘小利

图 6-7　江西东方红商贸有限公司记账凭证示意图④

第 46 号记账凭证的相关分录如下：

记账凭证

2023年1月20日

公司名称：江西东方红商贸有限公司　　　　凭证号：**46**　　附件：　　张

摘要	会计科目		借方金额	贷方金额
	总账科目	明细科目		
成本费用转入本期利润	本年利润		250,000.00	
成本费用转入本期利润	主营业务成本			180,000.00
成本费用转入本期利润	销售费用			43,500.00
成本费用转入本期利润	管理费用			25,000.00
成本费用转入本期利润	财务费用			1,100.00
成本费用转入本期利润	税金及附加			400.00
# 合计：贰拾伍万元整			250,000.00	250,000.00

会计主管：李强　　过账：　　复核：王晓光　　制单：刘小利

图 6-8　江西东方红商贸有限公司记账凭证示意图⑤

四、结账

结账，即结清当期账务。把所有记账凭证上的内容登记入相应的明细账簿后，再把相关明细账户的当期借方、贷方发生额加总出来，填写在"当期发生额合计"一行内，并按照"期末余额=期初余额+本期增加额–本期减少额"这个恒等公式，计算出账户余额和余额方向，填写到余额栏内，这个过程就叫作"结账"。

手工账下，只有把本期的记账凭证全部登记入账并结清当月账务，才能在账簿中连续登记下期的账务。参考表 6-11 最后一栏，红色字体汇总出当月发生额并计算出账户余额，这个过程才是结账。值得注意的是，只有"本月发生额合计"几个字可以用红笔填写，而金额是不可以用红色数字的，因为在会计记录中，红色数字代表负数，比如企业发生退货、冲减销售收入时，才可以用红色数字登记。

第七章

标准的对外报表和不标准的对内报表

第 29 讲　资产负债表、利润表、现金流量表都有标准格式和逻辑关系

一、出具财务报表之前要做的会计工作

企业会计工作流程如下：以原始凭证为起点，取得原始凭证后，分析判断经济业务涉及哪个账户的增加或减少，然后以权责发生制为记账基础，采用借贷记账法来填写记账凭证；填写记账凭证后，依据记账凭证登记的相应账户信息，设置相关账户，并登记明细账簿和总账账簿；月末，把所有记账凭证登记入账簿以后，计算出各账户的发生额和余额；再次进行对账和实物盘点；盘点无误后，把相关损益类科目的发生额由其原本的相反方向转出（收入类科目由借方转出，费用类科目由贷方转出），转入到本年利润账户，并计算出当期利润；最后，结清当期所有账务，填写财务报表。

二、标准的资产负债表长什么样子？

小黑奇怪地问："第二章我们不是学过财务报表吗？"

小白："那些不是标准的报表格式。现在，我们一起来看看标准的资产负债表长什么样子吧!"

表 7-1 资产负债表　　　　　　　　　（单位：元）

会计主体：×××公司　　　　　　　　时间节点：2022 年 12 月 31 日

A 资产	B 期末余额	C 年初余额	D 负债和所有者权益（或股东权益）	E 期末余额	F 年初余额
流动资产：			流动负债：		
货币资金	1360267.07	351947.16	短期借款		300000.00
应收账款	1402283.76	788161.86	应付账款	25688.00	60000.00
预付款项	100000.00		预收款项	100000.00	
应收利息			应付职工薪酬	63693.33	75980.88
其他应收款	717800.00	18000.00	应交税费	27765.00	52125.00
存货	766404.27	1399645.26	应付利息		
一年内到期的非流动资产			其他应付款		
其他流动资产			一年内到期的非流动负债		
			其他流动负债		
流动资产合计	4346755.10	2557754.28	流动负债合计	217146.33	488105.88
非流动资产：			非流动负债：		

294

A 资产	B 期末余额	C 年初余额	D 负债和所有者权益（或股东权益）	E 期末余额	F 年初余额
可供出售金融资产			长期借款	1000000.00	1000000.00
持有至到期投资			应付债券		
长期应收款			长期应付款		
长期股权投资	500000.00	500000.00	专项应付款		
投资性房地产			预计负债		
固定资产	1071853.00	546789.00	其他非流动负债		
减：累计折旧	302321.22	130766.60	非流动负债合计	1000000.00	1000000.00
固定资产净值	769531.78	416022.40	负债合计	1217146.33	1488105.88
固定资产清理			**所有者权益（或股东权益）**		
生产性生物资产			实收资本（或股本）	1200000.00	1000000.00

A 资产	B 期末余额	C 年初余额	D 负债和所有者权益（或股东权益）	E 期末余额	F 年初余额
油气资产			资本公积		
无形资产			减：库存股		
长期待摊费用	2000.00	22000.00	盈余公积	170000.00	170000.00
	0.00	0.00	未分配利润	3 031140.55	837670.80
非流动资产合计	1271531.78	938022.40	所有者权益合计	4 401140.55	2007670.80
资产总计	5618286.88	3495776.68	**负债和所有者权益总计**	5 618286.88	3495776.68

小黑说道："哇，跟之前看到的不一样啊，看起来好复杂的样子！"

表 7-1 是 2022 年 12 月 31 日时企业的资产负债表数据，现在它是什么样子呢？不知道，但绝不是表格里记录的样子。

报表里的年初余额数据，表示的是 2022 年 1 月 1 日企业的余额数据。从报表倒数第三行右侧的"未分配利润"一栏中可以看出，当时企业的累积利润为 837670.80 元，经过一年的辛苦经营，企业的利润变为了年末数 3031140.55 元，增加了 3031140.55 - 837670.8 = 2193469.75 元。为什么增加？当然是因为今年赚钱了。

那怎么赚的钱？它的计算过程和结果在表 7-2 中体现。

从报表第三行左侧的"货币资金①"一栏中可以看出，2022 年 1 月 1 日，该企业的所有资金合计为 351947.16 元，经过一年的辛苦经营，到年底，该企业所拥有的资金合计为 1360267.07 元，比年初多了 1360267.07−351947.16＝1008319.91（元），资金增加了 100 多万。资金增加了 100 多万，但实际上利润却增加了 219 万。也就是说，企业的当年利润没有全部变为现金，部分转化为了其他资产。从报表数字对比中可以看出，应收款项（包括应收账款、其他应收款、预付款项）和固定资产都比年初增加了，说明企业的一部分利润转化为这些资产了；但是应付账款和存货的占用资金又都比年初减少了。那么，企业经营活动究竟做得怎么样，还需要看表 7-3 的现金流量表。

三、标准的利润表长什么样子？

表 7-2 利润表　　　　　（单位：元）

会计主体：×××公司　　　　　　　　期间：2022 年 12 月

A 项目	B 本期金额	C 本年累计金额
一、营业收入	1567125.65	16766007.00
减：营业成本	1182476.43	12415568.55
营业税金及附加	1035.43	14512.22

---

① 货币资金包括"库存现金""银行存款""其他货币资金（如微信、支付宝存款）"等账户余额的合计。

A 项目	B 本期金额	C 本年累计金额
销售费用	130682.33	1422987.60
管理费用	34237.60	449488.88
财务费用	6143.54	51748.44
资产减值损失		
加：投资收益		
二、营业利润（亏损以"－"号填列）	212550.32	2411701.31
加：营业外收入		
减：营业外支出		
其中：非流动资产处置损失		
三、利润总额（亏损总额以"－"号填列）	212550.32	2411701.31
减：所得税费用	11324.45	218231.56
四、净利润（净亏损以"－"号填列）	201225.87	2193469.75

从表 7-2 中可以看出，企业 2022 年 12 月当月实现销售额 1567125.65 元，完成利润 201225.87 元；2022 年全年度实现销售额 16766007.00 元，利润为 2193469.75 元。至于 2022 年其他月份实现了多少销售额和利润，本表中看不出来，只能去看其他月份的利润报表。

四、标准的现金流量表长什么样子?

表7-3 现金流量表 (单位:元)

会计主体:XXX公司　　　　　　　　　　　　　　　　　　　期间: 2020年12月

经营活动现金活动			投资活动现金活动			筹资活动现金活动		
序号	项目	本年金额	序号	项目	本年金额	序号	项目	本年金额
1	销售商品提供劳务收到的现金	16251885.1	1	收回投资收到的现金		1	吸收投资收到的现金	200000
2	收到与其他经营活动有关的现金	35460	2	取得投资收益收到的现金		2	取得借款收到的现金	
			3	处置固定资产、无形资产和其他长期资产收回的现金净额		3	收到其他与筹资活动有关的现金	
			4	处置子公司及其他营业单位收到的现金净额				
			5	收到其他与投资活动有关的现金				
	经营活动现金流入小计	16287345.1		投资活动现金流入小计			筹资活动现金流入小计	200000
3	购买商品接受劳务支付的现金	11748015.56	6	购建固定资产、无形资产和其他长期资产支付的现金	525064	4	退还股本所支付的现金	
4	支付职工的工资	756390.6	7	投资支付的现金		5	偿还债务支付的现金	300000
5	支付的各项税费	278943.54	8	取得子公司及其他营业单位支付的现金净额		6	分配股利、利润或偿付利息支付的现金	19876.44
6	支付其他与经营活动有关的现金	1850735.05	9	支付其他与投资活动有关的现金		7	支付其他与筹资活动有关的现金	
	经营活动现金流出小计	14634084.75		投资活动现金流出小计	525064		筹资活动现金流出小计	319876.44
	(1)经营活动现金净流量	1653260.35		(2)投资活动产生的现金流量净额	-525064		(3)筹资活动产生的现金流量净额	-119876.44

现金期初金额(见资产负债表中货币资金期初数)		351947.16
加:【(1)+(2)+(3)】本期现金增加额(减少为"-")		1008319.91
=现金期末余额(见资产负债表中货币资金期末数)		1360267.07

从表7-3中可以看出,企业本年度的现金增加,来源于经营活动正的现金流、投资活动和融资活动负的现金流。投资活动负数是因为企业扩大生产,购买了50多万元的设备;融资活动负数是因为银行借款到期,偿还了本金和利息。

五、三个报表之间的逻辑关系

从这三个表可以看出，利润表和现金流量表是把企业最重要的两个"东西"——现金和利润单独进行了列表计算，让报表使用者看到其来源和构成，以判断企业的经营是否良好。

利润表是资产负债表的一个组成部分，是依附于资产负债表之上的一个报表。如果企业当年度没有对未分配利润进行分配，那么未分配利润的年末数与年初数的差额即是企业实现的本年利润，而本年利润的计算过程就是利润表。所以我们说"利润表是资产负债表的一个子表"，把利润单独列表计算，正说明了企业利润的产生过程很重要。

同样，我们也把现金流量表称为"子表"。资产负债表中货币资金的年末数与年初数的差额即是企业本年度实现的现金净增减额，而现金净增减额的计算过程就是现金流量表。利润之外，企业的现金流更重要，企业实现的利润最终都被期望能以现金形式收回。

扩展知识 10　收入、现金、利润

我们可以把企业的利润比喻成面包，现金流比喻成空气。没有面包吃，人会饿肚子，但不至于马上死亡；但如果不能呼吸空气，人几分钟内就会死亡。这个比喻足见现金流对于企业的重要性。企业持续的现金流是利润带来的，利润额又是销售额带来的，那么如何开拓市场，提升销售额，就成了所有企业面临的尤为重要的工作。

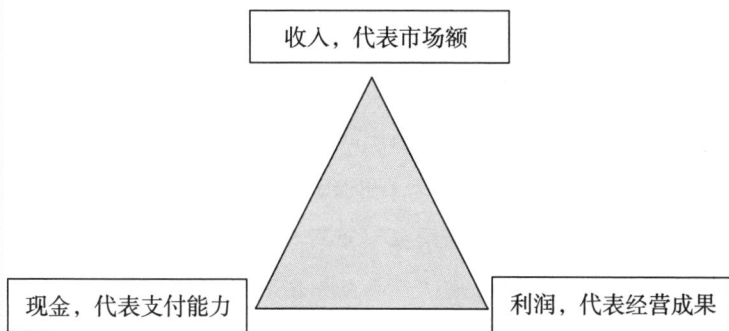

图 7-1　收入、现金、利润代表的含义

企业在经营过程中一直在持续寻找收入、利润、现金流三者之间的平衡关系。

财务人员如果仅关注数字，那么我们看到的收入就只是一个或高或低的数字，它是由销量×售价构成的。但站在业务角度上去看，收入还来源于客流量、成交率、客户复购率等因素，它代表了企业的市场份额和市场占有率，代表了企业创造毛利的能力。

通常情况下，企业取得收入和利润的方式，有以下三种：

1. 薄利多销型：销售定价低、毛利低、但销售量大。企业采取了低价销售以抢占市场份额的战略选择，适用于：产品有稳定的市场需求，市场上也有大量的同类产品存在，但企业因为新技术或新工艺的使用而使生产成本大幅降低的情况；拥有成熟的管理团队、先进的管理方式，因而能够优化企业的内部管理、降低各种期间费用，最终成就了企业低毛利率、高毛利总额、高净利的情况。这些情况说明企业采取的是"总成本领先战略"。

2. 产品优势型：市场上同类产品少或同类产品多但市场定位准确、竞争优势明显。市场销售单价远高于同类产品，代表企业采取的是"产品差异化路线"。

3. 产品专一型：企业以更高的效率和更好的效果为某一狭窄的细分市场服务，把资源和经营战略放在特定目标的市场上，形成企业的核心竞争力。

生产型企业主要靠产品取胜，营销渠道辅助；贸易型企业主要靠营销和渠道取胜，产品可以选择，比如海尔和格力拼产品，苏宁和国美拼营销。大多数企业的产品同质化严重，生产技术和工艺雷同，企业只能在激烈的红海竞争中艰难生存。为了利润，企业必须抢占市场、取得收入，但为了市场份额，又不得不采用更加宽松的销售政策，比如赊销。但赊销之后又会形成应收账款，如果收不回应收账款，企业就会产生坏账，而坏账又减少了企业利润。即使应收账款能够收回，如果在赊销期间现金流短缺，企业有可能又要以借款的方式去筹集流动资金，而借款就会产生资金利息，利息的产生又会造成企业利润的减少……

1. 报表组成要素分类

通过表 7-1 可知：左边栏"资产"要素分为两大类，分别是"流动资产"和"非流动资产"；右边栏"负债"分为两大类，分别是"流动负债"和"非流动负债"；右边栏"所有者权益"要素也分为两大类，分别是"权"和"益"。

益，又叫"留存收益"，是企业实现了利润但暂时留在企业的部分。它包括两部分：一部分是不能分配或股东决议不分配，按照法律规定提取的"法定盈余公积"和股东会决议提取的"自由盈余公积"，它们不分给股东，留在企业，作为未来扩大投资或弥补亏损之用；另一部分是暂时还未确定用途的"未分配利润"。

2. 流动资产和非流动资产

（1）流动资产，指理论上可以在一年内转变为现金的资产。比如，货物可以在一年内销售出去换回现金，应收货款可以在一年内收回变成现金，它们就叫作"流动资产"。

（2）非流动资产，指变现周期超过一年。也就是说，不能在一年内转变为现金的资产。不能，不是指这项资产不值钱无法变卖，而是指我们拥有它的目的是使用它，所以一般不会出售它。比如，"美味蛋生意"可以把鸡蛋销售出去换钱，但一般不会把办公电脑或小货车卖了换钱，所以电脑、小货车就是非流动资产。

3. 资产和负债的定义

资产负债表左边列示的是"资产"。资产的来源有两个渠道，一个是股东投资，站在企业立场上叫作"股权融资①"，如果股东无力或不愿意再投资，企业可以找债权人借款，获取"债权融资"。如图 7-2 所示：

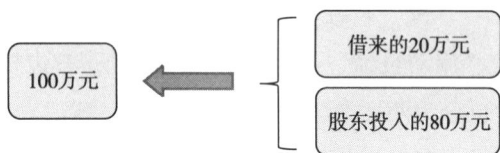

图 7-2　企业融资示例

100 万的资金投入生产经营活动中会转化成货物或者设备，呈现不同的资产形态。如图 7-3 所示：

资产形态最初大多是"钱"，随着"钱"的投入使用，会转化为不同的形态。但不管是什么形态，只要符合资产的定义，它就是资产，只是不同的资产状态有不同的名称。

资产的定义：由过去的交易形成，企业拥有或控制的、能

① 股权融资，即用股权融得资金。

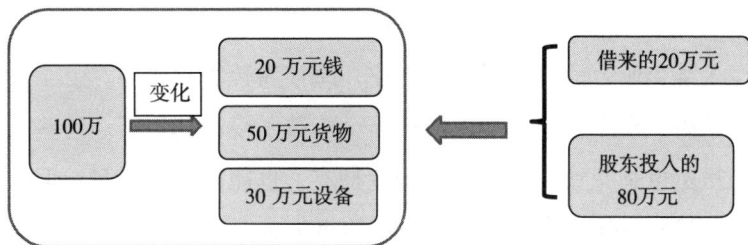

图 7-3 融资呈现出不同的资产形态的示例

以货币来衡量的、预期未来能给企业带来经济利益流入的资源，就叫作"资产"。

这个定义有三点重要内容：

（1）企业拥有或控制的某种资源

比如企业购买的厂房、土地、生产设备；仓库里堆放的货物；客户签认的对账函等。

（2）能以货币来衡量

比如某企业挖到了一个原世界 500 强企业的运营团队，这个团队运营能力很强，未来很可能会为企业创造高利润。那么，这个运营团队的价值怎么衡量？能不能把它作为企业的资产？当然不可以。因为这个运营团队虽然确实很有价值，但人力价值无法以货币来衡量，我们就不能把它计入资产负债表，但可以说它是企业的"表外资产"。再比如"可口可乐"这个品牌很值钱，但因为品牌是可口可乐公司多年口碑创造出来的，不是花钱买来的，无法以货币来衡量，所以也无法作为一项资产计入资产负债表。

（3）预期未来能给企业带来经济利益流入

某企业为销售零副食的企业，库存周转货物较多。由于天降暴雨，仓库里的饼干、奶粉等全部被水浸泡坏掉了。这些商品虽然也是花钱买来的，被企业拥有，也能以货币衡量，但未来却没有任何变现的价值了，不能再为企业带来经济利益的流入，所以也不能成为企业的资产。

企业月末或定期要进行资产清查与盘点，对于丢失的、毁损的、过期的、没有变现价值的资产等要及时进行会计处理，由资产转为费用，否则会虚增企业的资产和利润，造成会计数据失真。

负债的定义：负债，指的是企业过去的交易或事项形成的现时义务，履行该义务预期会导致经济利益流出企业。

这个定义也有三点重要内容：

（1）过去的交易形成的

比如，有了过去的赊购商品，才有现在的"应付账款"这项负债。

（2）现时义务

企业现在要承担的义务，而不是未来的还没有产生的还款义务。

（3）会导致经济利益流出企业

还债是要花钱的，如果不用付钱，就不是负债。

4. 资产负债表中要素的排序规律

资产有它的排序规律，排序规律就是资产的流动性。流动性越强，排序越靠前；反之，流动性越差，排序越靠后。

流动性，即资产的变现能力。这里的"现"，指的是货币或货币等价物。一项资产变成现金的能力越强，排序越靠前。比如，银行卡里的存款、保险柜里的现金，它们本来就是货币，所以排在第一位；接下来是客户欠的货款，如果客户很快能够还款，那么欠款就会变成现金；再接下来的是货物，对于"美味蛋生意"来说就是鸡蛋，鸡蛋一旦卖出去，也能够很快变成现金。

资产负债表的右边，其排序规律就是企业负债的受偿顺序。

流动负债，通常指偿还期限在一年以内的各种债务。比如欠员工的工资，欠税局的税款，这些都是流动负债。欠员工的工资一般最多欠十天半个月；税款目前有两种交纳方式，按月交的和按季度交的。按月缴纳的，当月的税款要在次月 15 日之前缴纳；按季交的，当季的税款要在次季度首月 15 日之前缴纳。

非流动负债，也叫"长期负债"，是指归还期限在一年以上的各种债务。比如从银行借来的需要 5 年才能归还的长期借款。

所有者权益，包括股东的投资本金和留存收益。假使企业解散，就需要清算各种财产债务。企业需要出售各种资产换回现金，用来偿还资产来源。对于资产来源项目来说，欠债、股东的投资、累积利润三类，要先还外债，还完外债后有剩余的部分，才会轮到股东收回投资本金，先回本，再回收利润，所以利润排在最末一位。

5. 债权人和债权、股东和股权

债权人投资，要求的是还本付息，企业承担了还本付息的义务而筹到了钱，这笔欠款就叫作"债权融资"。

股东投资入股，依据投资额占比享有公司利润的分红权和财产所有权。站在企业的立场上，这笔钱叫作"股权融资"。股权融资不需要付利息，股东能享受公司财产所有权和未来超额利润的分享权，但在公司财产清算时受偿顺序排在债权之后；股权融资没有合同到期日，一般不需要归还，只有当企业解散清算或者投资人申请减少注册资本金时才可以从公司抽回，不履行法律手续随意撤资有可能涉嫌构成抽逃注册资金罪。

股权融资不是无限额的，不是所有股东个人转入企业账户的款都是股东投入的股本金，股权融资的上限是公司的注册资本金。注册资本金是设立营业执照时，投资人拟计划的未来投资额，这个拟出资额会清晰地写在企业营业执照上。

如果股东已经全额按注册资本金缴纳过出资款，后续公司流动资金不足需要股东再出资的，股东可以与企业签订借款协议，出借资金给企业。这时，股东本人就具有了双重身份，既是债权人，也是投资人。

第30讲 会计提供财务报表：重点是它背后揭示的财务信息

会计提供财务报表的意义不在于财务报表本身，而在于它背后揭示的财务信息。

财务报表只能反映过去，如果看不懂，它就只是一堆数字的罗列与堆砌，没有任何实际意义。

阅读报表是为了发现问题。我们需要去比对一些财务指标，对财务指标进行解读，发现企业管理中存在的问题，从而制定改善措施。所以说报表本身只能揭示问题，但不能解决问题。解决问题才是组织创造价值的关键——需要管理层利用报表信息，制定与实施管理活动，引导企业未来的变动方向，从而达成目标。

一、财务报表信息有助于提供对决策有用的信息，提升企业的管理行为

1. 对于企业所有者来说，要选择投资对象、衡量投资风险、作出投资决策，需要了解企业毛利率、总资产收益率、净资产收益率、销售净利率等内在的盈利能力，也需要了解有关企业经营方面的信息及其所处行业的信息。

2. 对于债权人来说，他们为了选择贷款对象、把控贷款风险、作出贷款决策，需要了解企业包括流动比率、速动比率、资产负债率等指标在内的短期偿债能力和长期偿债能力，也需要了解企业所处行业的基本情况及其在同行业中所处的地位。

3. 对于政府部门来说，为了制定经济政策、进行宏观调控、配置社会资源，需要掌握企业的资产负债结构、收入损益状况、纳税情况、能源消耗情况和劳动就业情况，从宏观上把握经济运行的状况和发展变化趋势。

以上所有信息，只有财务报表能够提供。

二、财务报表信息有助于企业加强管理，提高经济效益，促进企业可持续发展

小企业靠业务生存、大企业靠管理得以发展、持续；还徘徊在销售死亡线上的企业没精力、也没眼界去顾及财务工作的规范；没有业务立马就会死掉的企业，需要赶快想办法把销售业绩做上去，把利润做成正数，让现金流尽快回笼；有稳定的市场需求、行业前景发展好的企业，就需要沉下心来好好把财务管理工作做好，经常看看自己企业的体检报表，有针对性地去解决企业的管理和稳定发展问题。

比如说，查阅现金流量表，了解到企业资金流不健康，就要立即想办法截断负的现金流，增加正的现金流，让企业活下来。再比如说，企业要发展，业务要增长，势必要增加投资和

人员，费用也会随之增长。在这种情况下，财务需要提供哪些方面的支持？财务资源是否足够？资金流从哪里来？自身的造血机能怎么样？利润能否持续或稳步增长？企业经营管理水平的高低直接影响着企业的经济效益、经营成果、竞争能力和发展前景，在一定程度上决定着企业的前途和命运。

三、财务报表信息有助于考核企业管理层经济责任的履行情况

有些企业发展到一定阶段，所有权和经营权分离，会出现投资人不参与或者不全面参与企业的经营管理，而由职业经理人团队来管理企业的现象。此时身为股东，更加需要了解或考核自己高薪聘请的经营管理层的水平：与往年相比，与同行相比，与大环境相比，这个管理团队的能力如何？

四、财务报表信息是企业制定激励政策的基础

为了留住好员工，企业往往会采取很多激励措施。其中最主要的，就是让员工参与到企业的利益分配中来。员工参与企业利润分配的形式有很多，比如提成、奖金、绩效考核浮动工资、毛利分红、税前利润分红、股权激励等，所有这一切手段，都建立在财务数据真实准确的基础之上，没有准确的财务数据，任何激励手段都是无本之木、沙上建塔。

第31讲　企业内部管理报表：仅用于企业内部的数据分析

　　企业的三大报表专业性较强，提供的信息又是汇总信息，所以一般用作对外报表，比如对银行、税务局、统计局等。同时，在支撑企业内部的管理决策方面，又需要更多、更详细的会计信息，比如在不同地域实现的销售金额（分析区域市场占有率）、各笔不同费用的明细金额（进行费用预算与控制）、不同产品的销售额和毛利率（了解盈利产品与引流产品）、不同销售人员的销售业绩与毛利排名（进行激励考核）、不同客户的采购额与毛利创造额（分析大客户与优质客户）、每位客户的欠款明细及账龄分析（催收账款与分析坏账风险制订客户授信政策），等等。事实上，这些详细信息在三大报表中是无法体现的，所以会计人员应当站在企业经营管理的需求角度，为企业提供更为翔实的财务数据。

　　企业内部管理报表主要用于企业经营管理者进行数据分析，提升管理水平，仅针对企业内部使用。每个企业的业务、管理需求不同，需要的报表也不同，所以内部管理报表没有固定的统一模板，会计人员和企业管理人员需要有针对性地制作本企业的管理报表。

表7-4、表7-5、表7-6、表7-7 为某企业的内部管理报表模板，仅供参考。

表7-4 某企业的内部管理报表模板（关键指标表）

关键指标表

编制单位：　　　　　　　　　　　　　　　　　　___年__月

分析项目	细项	注释	本月数据	上年同期数据
关键数据	收入额	本月营业收入		
	成本额	本月销售成本		
	毛利额	收入减成本		
	净利润额	本月利润		
	库存结余	月末库存盘点额		
	投资总额	净资产额		
盈利能力	销售毛利率	毛利/收入		
	销售费用率	销售费用/收入		
	管理费用率	管理费用/收入		
	总费用率	（销售费用+管理费用+财务费用）/收入		
	销售净利率	净利润/收入		

分析项目	细项	注释	本月数据	上年同期数据
营运能力	存货周转率	销售成本/平均存货余额		
	存货周转天数	360/存货周转率		
	总资产周转率	收入/平均总资产		
	平均人效（收入）	销售额/平均员工人数		
	平均人效（利润）	净利润/平均员工人数		
偿债能力	资产负债率	负债/资产		
	流动比率	流动资产/流动负债		
	权益乘数	平均总资产/平均净资产		
杜邦分析	投资回报率	净利润/平均净资产		

表 7-5　某企业的内部管理报表模板（产品销售毛利分析表）

产品销售毛利分析表

编制单位：　　　　　　　　　　　　　　　　　　　___ 年 _月

序号	项目	产品 A	产品 B	产品 C	合计
一	销售收入				
	其中：销售数量				
	平均售价				
二	销售成本				
三	销售毛利				
四	毛利率（毛利/收入）				

表 7-6　某企业的内部管理报表模板（部门利润表）

部门利润表

编制单位：

项目	年　月					
	10 月	同比%	年累计	同比%	全年预算	预算达成%
门店数（间）						
加盟间数						
自营间数						
销售收入						
加盟管理收入						
直营门店收入						
食品供应链收入						
管理总部收入						
销售成本						
加盟						
直营门店成本						
食品供应链成本						
管理总部成本						
毛利						
加盟						
直营门店						
供应链						
管理总部						
费用						

项目	年　月					
	10 月	同比%	年累计	同比%	全年预算	预算达成%
加盟						
直营门店						
供应链						
管理总部						
净利润						
净利率%						

表 7-7　某企业的内部管理报表模板（费用明细表）

费用明细表

编制单位：　　　　　　　　　　　　　　　　　　　　　　　　年　月

序号	项目	本月	本年累计	占比
一	销售费用			
1	职工薪酬			
2	折旧费			
3	差旅费			
4	办公费			
5	运输费			
6	业务招待费			
7	通信费			
8	快递费			
9	车辆费用			
10	会议费			

（续表）

序号	项目	本月	本年累计	占比
11	其他			
二	管理费用			
1	职工薪酬			
2	折旧费			
3	差旅费			
4	办公费			
5	运输费			
6	业务招待费			
7	通信费			
8	快递费			
9	车辆费用			
10	会议费			
11	其他			
三	财务费用			
1	利息收入			
2	利息支出			
3	汇兑损益			
4	手续费			
5	其他			

第 八 章

老板会计管理实务

第32讲　具备财务思维，做聪明赚钱的老板

一、牢记"现金为王"

现金流的重要性对于企业来说太重要了，我们已经在不同的章节探讨过许多次了。要保证现金流的健康，请记住以下几点：

1. 不过度投资。投资要测算，预计回报率与回收期。

2. 不过度负债。借债要考虑资金成本与还款时间。尽量不要短借长投，即用短期借款资金进行长期投资。

3. 避免存货积压。科学管理库存，不让存货占压太多资金，及时处理滞销货物。

4. 及时回收欠款。制定客户授信政策，避免为了销售业绩而导致客户账期过长，造成坏账损失。

5. 避免突发状况，如火灾、生产事故、担保等情形。

如果没有足够的销售额带来现金流，也无法从外部获得融资，企业该如何自救？这时企业要有壮士断腕的决心，卖房子卖地、处置设备，换来正向的现金流；裁员、搬离豪华的办公场所，阻断负向的现金流。渡过难关，企业才会迎来更好的

未来。

如果怎么做都无法改变现状，那就接受吧。及时止损，不失为最好的选择。记住，企业只是你赚钱的工具。

二、重视成本费用管控

成本费用是利润的减项，同时也是一项投资。有投资就要有回报，如果必须有高投资才会有高回报，那么成本降低就不是件好事。

成本费用管控有两个内容：一、先算准；二、再考虑降低。准确核算是基础，降低成本是目标。

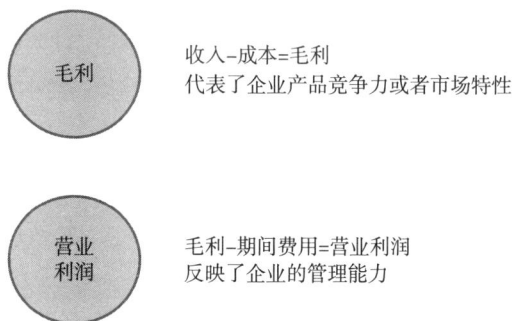

毛利

收入－成本＝毛利
代表了企业产品竞争力或者市场特性

营业利润

毛利－期间费用＝营业利润
反映了企业的管理能力

图 8-1　从毛利和营业利润中可以看出的企业特性

由图 8-1 可以看出，收入高不一定利润高，收入高，但成本费用管控不好，企业依然产生不了利润。

三、关注资产分布与来源——偿债能力

企业到底是轻资产企业还是重资产企业，一般要从企业的资产构成来看。

总资产=流动资产+长期资产

一家企业的总资产中，长期资产占比大，可以说就是一家重资产企业。

一家企业的"流动资产：流动负债<1"，说明流动资产小于流动负债，企业把筹集到的在一年内要归还的负债，不仅投到了流动资产中，还投到了变现时间超过一年的长期资产中。这样就有可能导致短期负债到期，而流动资产又不足以偿还，产生短期偿债能力不足的问题，财务风险加大。同时说明企业财务政策比较激进冒险，即借短期债投长期资产。

"流动资产：流动负债=1"，意味着企业每1元的负债，都有1元的资产来偿还，说明企业采用的财务策略比较稳健。

"流动资产：流动负债>1"，意味着假如1元的负债到期，企业储备了超过1元的资产用以偿还1元的债务，说明企业的财务政策比较保守，财务风险很小。

"总负债：总资产=0.5"，说明企业总资产的来源中，负债占一半，所有者权益占一半，资产负债率在50%，企业总资产偿债风险较小；如果大于0.5，则企业存在偿债风险。

此外，我们还要看企业所处的行业来分析负债率的高低。

房地产企业、类金融类企业负债率普遍较高，但并不一定企业财务风险就很大。

四、关注投资回报率和投资回收期

一个年赚 500 万元利润的项目和一个年赚 50 万元的项目，你会觉得哪个好呢？

如果告诉你赚 500 万元的项目需要投资 5000 万元，而赚 50 万元的项目仅需要投资 100 万元，你又会觉得哪个好呢？

投资项目的取舍，既要考虑绝对盈利额，也要考虑相对盈利指标——投资回报率。

为了以最少的投入赚取最大的收益，就要提升投资回报率。如何提升投资回报率呢？200 年前的美国杜邦公司发明了一种分析投资回报率构成的方法，只要提升相关因素指标，投资回报率就可以得到提升。

$$\boxed{\begin{array}{c}\text{投资回报率}\\\text{ROE}\end{array}} = \text{销售利润率} \times \text{资产周转率} \times \text{财务杠杆}$$

$$= \frac{\text{利润}}{\text{销售额}} \times \frac{\text{销售额}}{\text{总资产}} \times \frac{\text{总资产}}{\text{净资产}}$$

图 8-2 投资回报率分析公式（美国杜邦公司）

从图 8-2 中可以看出，投资回报率是由销售利润率、资产周转率、财务杠杆决定的，这三个指标是相乘的关系。

销售利润率说明每 1 元的销售额能创造多少净利润，揭示了产品盈利能力。资产周转率说明了企业投入的总资产额一年能带来多少销售额，它揭示了经营团队利用现有资源获取营业额的能力。如果产品本身的利润额不高却想要高投资回报怎么办？那就需要提升管理水平，加快货物的周转速度，薄利多销创造更高的销售额，总利润可能会高。或者改变资本来源配置，使用债权融资达到规模化效应，最终也能达到提升投资回报率的目标。比如某企业开了 2 家直营门店，其商业模式、单店利润率模型都已成熟，但受限于自有资金的不足，无法快速复制扩张形成规模化经营，提升回报率。此时，该企业如果利用财务杠杆，借入资金，快速复制，就可以获得规模化经营利润，提高投资回报率。

除了投资回报率，投资人还需要考虑投资回收期指标，即多长时间能回本。投资回收期在一定程度上揭示了资本的周转速度。显然，资本周转速度越快，回收期越短，风险越小。

五、关注资产运营效率

资产运营效率是指企业运用其资产的有效程度，它反映了企业资金的周转状况。运营效率的高低取决于财务管理水平的高低。

1. 资产周转速度
它是衡量企业运营效率的主要指标。资产周转速度越快，表明资产可供运用的机会越多，使用效率越高，带来的销售额就越高，反之则表示资产利用效率差。

资产周转率＝年度销售收入÷平均总资产

【例 8-1】某企业 2023 年年初的总资产为 4000 万元，年末总资产为 4800 万元，全年销售收入总额为 5000 万元，那么：

平均总资产＝（4000＋4800）÷2＝4400（元）

资产周转率＝5000÷4400＝1.13（次）

它反映 1 元的资产，一年可以创造 1.13 元的销售额。体现企业在一定期间内全部资产从投入到产出周而复始的流转速度，反映企业全部资产的管理质量和利用效率。一般来说，总资产周转率越高，表示企业资产经营管理得越好，资产的利用效率就越高，取得的销售收入就越多。

2. 应收账款周转速度

应收账款周转率＝年度销售额÷全年平均应收账款

【例 8-2】某企业 2023 年的全年销售额为 5000 万元，年末应收账款余额为 2000 万元，年初应收账款余额为 2500 万元，那么：

平均应收账款＝（2000＋2500）÷2＝2250（元）

应收账款占总销售额的比重＝2250÷5000×100%＝45%

应收账款周转率＝5000÷2250＝2.22（次）

应收账款周转天数＝365÷2.22＝166（天）

它表示企业的销售额中，有 45% 为赊销收入，并且收回赊销款一般需要 166 天，资金回收速度慢，需要加快应收款回收速度或减少赊销额。

3. 存货周转速度

存货周转率＝年度总销售成本÷全年平均库存余额

【例 8-3】某企业 2023 年的全年销售额为 5000 万元，销售成本为 3800 万元，年末库存商品余额为 1800 万元，年初库存余额为 2300 万元，那么：

平均库存余额＝（1800+2300）÷2＝2050（万元）

存货周转率＝3800÷2050＝1.85（次）

存货周转天数＝365÷1.85＝197（天）

它表示企业的仓库货物全部销售完，需要 197 天。存货周转速度较慢，存货占用资金就会比较多，企业需要想办法减少库存金额，减少资金占用。

4. 人效

4.1　平均销售额（或毛利额）

企业平均人效＝销售额（或毛利额）÷员工总人数

它反映企业平均每个人能创造多少销售额或毛利额。

销售人员人效＝销售额（或毛利额）÷总销售人数

它反映每一个销售人员平均能创造多少销售额或毛利额。

4.2　工资费用率

工资费用率＝销售总额÷薪酬总额

它表示每支付 1 元人工费用能创造多少销售额。

通过分析平均每个人（或每1元工资费用投入）能为企业带来的销售额，与企业纵向对比或同业横向对比去发现管理水平的高低。

六、善用逆向思维

在我的家乡，有句老话叫："有多大锅，蒸多大馍。"它讲的是量入为出的道理。这是人们的正向思维，但是在财务管理中，我们可能需要更多的逆向思维。

如：如果要实现销售额提升10%，从哪里着手发力？

如：要提升销售净利率2%，从哪里入手改善管理才能达成目标？是提高销售价格，还是降低成本或费用？

逆向思维有助于我们反向推导，确定目标，寻找资源，努力达成目标。我们也把它叫作"成果导向思维"。

七、提前做好税收筹划

税收筹划，准确地说应该是业务筹划、纳税人身份筹划，因为大多数的税收都是因业务的开展、有了交易而产生的。不同的行业税率不同，不同的交易模式税收也不同。要想合理合法地降低税收，就要合理地筹划业务开展的模式。

税收筹划的时间和方式上有如下几点：

1. 早在公司拟成立时就需要做筹划

设立地点不同，股东身份不同，纳税人身份不同都会影响税收。比如设立在中西部国家有税收政策优惠的地区综合税收成本就会低；设立的是分公司还是子公司也影响未来的税收；纳税人身份为一般纳税人还是小规模纳税人也会影响税收的高低。

2. 从公司顶层股权架构开始

股权架构的搭建，未来股权转让时企业是否有盈利、分红后的资金流向和再投资资金流向等也会影响税收。

3. 从签合同时就开始

合同列示的付款时间、付款方式、发票类型、供货商身份等都决定了税收的不同。

4. 从商业盈利模式设计、收入成本结构等的设计上来改变税收

你赚取的是技术服务费，还是商品销售差价？如果你经营的是一家装饰公司，合同签订时约定的收入总额中有多少是施工收入，有多少是设计费收入？施工收入中含主材采购还是不含主材采购？这些都会影响税收。

5. 从工资发放方式和员工福利方式上做设计而节约税收

工资是按年发放，还是按月发放？有没有年终奖部分？发放报酬时，到底是劳务报酬，还是工资薪金所得？这些区分都会影响到个人所得税的金额。

6. 发票节税

在我们国家，目前还是以票控税，即有合理合法的费用发票就可以少交企业所得税或增值税。如果没有发票，即使企业

的支出是真实的，但也可能不被税务局认可，从而多交税。哪些发票可以抵减所得税？哪些发票既抵减所得税，又抵减增值税？什么是专票，什么是普票？培养所有员工——重点是采购部和销售部的员工——具备"发票思维"和相关发票的知识也非常重要。

八、强化法律风险意识

企业管理者身处商业社会之中，对于商业社会的规则——法律，不可不知。关于公司法律风险、股权架构风险造成的股东矛盾、税收管理风险，都需要作充分的了解，从而有意识地加以规避。

第33讲 让会计发挥作用的前提①：做好企业顶层架构设计

老板要有谋划全局的思维。会计固然重要，但它是服务于企业业务的，企业必须先做战略规划、选择合适的企业类型、进行顶层架构设计、进行业务流和资金流规划。有了顶层规划之后，再通过顶层规划来指导未来的各项具体工作（包括财务工作），最终才能确保战略目标落地。

顶层架构设计都包括什么？

1. 业务架构设计

会计是记录业务的，业务怎么开展，会计就怎么记录，但业务的发生和类型有时是可以设计的。业务设计是商业模式设计的重要组成部分，它包含：

（1）交易对象的选择：如选择什么类型的客户和供应商，对渠道商还是终端客户？

（2）交易策略设计：例如，企业要销售规模还是要利润？与同一交易对象的多笔交易是合为一笔，还是一笔拆成多笔？交易合同如何签？是与一家公司签，还是拆分为多个业务和多家公司签？

（3）盈利模式设计：假如一个集团公司有多个分公司和子

公司，那究竟什么才是公司的主营业务？如果是自采原材料加工生产并销售给终端，那么企业的利润来源是商品差价；如果是来料加工，那么企业的利润来源是收取加工费；如果是技术输出，那么企业的利润来源是收取技术服务费。

2. 股权架构和公司组织架构设计（详见第34讲）

企业确定什么样的股权结构？对于拥有多个公司的股东来说，这些公司在法律层面上是什么关系？是否有名义上的法律关系？这些公司之间能否有业务联系？可不可以是客户与供应商的关系？如果企业有在资本市场融资的计划，究竟会用哪个公司去融资？

公司的组织架构设计可以明确部门间的关系或上下级关系，明确各部门职能与岗位职责。组织架构设计不仅是日常经营活动正常开展的保证，也是会计核算的一个重要基础。有了管理的需求，有了部门的设置，会计才能区分不同的利润中心和费用中心，进行利润的分别核算，为以后的报表出具、绩效考核等建立数据基础。

3. 财务设计

企业的主要资产放在哪个公司？主要负债放在哪个公司？主要购销活动放在哪里？利润放在哪里？人员和工资发放在哪里？不同的设计方式可能关乎财富安全、上市融资、税务筹划等各个方面。

顶层设计指导下层会计工作，会计理论虽然较难理解，但会计其实只是一个工具。就像盖一座大厦一样，设计图纸才是最重要的，挖掘机、现场施工人员、工程监理人员都只是按照图纸工作，确保大厦按期完工。同样，企业顶层架构设计才是最重要的，如果画好顶层设计图纸，会计人员要做的就只是用会计核算方法处理既定的业务开展，最终达到规划的结果。

第34讲 让会计发挥作用的前提②：
规划好企业治理结构

企业治理结构是由股东、董事会和执行经理层等形成的相互制衡和委托的关系。

一、公司章程

国家有根本大法——宪法。企业也有自己的"宪法"，就是企业章程，它是企业自我治理的纲领性文件。

它是在企业正式成立之前由所有股东共同参与、依法制定的，规定了企业名称、住所、经营范围、经营管理制度、股东姓名（自然人股东）或名称（法人股东）、股东出资额、持股比例、分红比例、股份转让规则、股东权利义务、总经理、执行董事、监事等人选及职能和权限等重大事项的基本文件，也是企业必备的规定企业组织及活动基本规则的书面文件。它是所有公司股东的一致意思表示。

1. 章程的法律效力

企业章程一经生效，即发生法律约束力。它的效力遍及企业及股东成员，同时对企业的董事、监事、经理具有约束力。

因此，一旦企业侵犯股东的权利与利益，股东可以依照企业章程对公司提起诉讼。

章程是公司的自治规章，每一个股东，无论是初始股东，还是以后因受让公司股份而加入公司的股东，公司章程均对其产生约束力，股东必须遵守公司章程的规定并对公司负有义务。股东违反这一义务，公司可以依据公司章程对其提起诉讼。

如果一个股东的权利因另一个股东违反公司章程规定的个人义务而受到侵犯，则该股东可以依据公司章程对另一个股东提出权利请求。还有可能不是公司的股东，但作为公司的高级管理人员，董事、监事、经理对公司也负有诚信义务。因此，公司的董事、监事、经理违反公司章程规定的职责，公司可以依据公司章程对其提起诉讼。

2. 好章程的标准

（1）对外规避公司经营投资等风险。在章程中提前制定好公司经营中各种事项的议事规则，确定什么类型的事项、多大金额的投资等相关事宜的表决权比例，贯彻民主制，减少决策风险；或者遇到什么类型的决议，某人可以行使一票决定权，贯彻集中制，以提高决策效率等。

（2）对内化解股东纠纷。股东的进入、退出规则、决策权、分红比例、违约责任股权转让方式与价格等都可以提前约定，进而避免股东产生纠纷。

（3）优化公司管理，促进公司发展。

二、公司上层治理结构——股东会、董事会或执行董事、经理

国家有它的治理结构，如全国人民代表大会是最高权力机关，全国人民代表大会常务委员会是常设机构，中央纪律检查委员会履行监督职能，国务院总理代表国务院对全国人大及其常委会负责，是政府最高首脑。

公司依照公司法设立，也有自己的治理结构。股东会①为公司的最高权力机关，董事会是股东会闭会时的常设机构，监事会（或监事）履行监督检查职能，总经理对董事会负责，分管具体事务的执行。典型的公司治理结构是由投资者、董事会和经理层等相互制约的关系框架。

规模较大的公司，其内部治理结构通常由股东会、监事会、董事会和经理层组成，它们依据法律赋予的权利、责任、利益相互分工并相互制衡。以下主要讲一讲有限责任公司。

法律规定有限责任公司的股东人数最多 50 人，最低 1 人。股东会由全体股东组成，是公司的最高权力机构和最高决策机构。股东通过行使表决权参与对公司的事务管理和决策，表决权依据持股比例或章程中约定的比例行使。

公司可以自由选择是否设立董事会。如果设立董事会，一般人数是 3 人以上，可以从股东和非股东人选中选出。设立董

---

① 有限公司称股东会，股份有限公司称股东大会。

事会的企业，从董事会中选举产生一个董事长，有的还可以选举副董事长。董事会履行公司的战略决策职能，实行按人头表决，一人一票，过半数决议即形成。不设董事会的企业，要设立一名执行董事，履行具体的决策职责。

相比于设立董事会管理体系的企业，只设一名执行董事的，决策效率肯定会高。

监事会，人数一般为2—3人，可以从股东或职工代表中选出。其履行纪律监督职能，监督董事会在行使权利时是否有违股东会决议或违背股东利益。不设监事会的企业，可以设立1—2名监事，履行监事会的职责。

目前，很多中小型企业的监事会或监事只是一个挂名，连摆设都不算。企业设立监事，只是为了在申请营业执照时通过审核，所以中小型企业，尤其是家族企业或一人持股公司，监事就仅仅只是挂名了。如果企业内部设立审计委员会，也可以不设置监事会或监事，审计委员会可代替监事履行监督职能。

经理（CEO）履行具体的经营管理职能。

董事会（或执行董事）、监事会（或监事）、经理在遵照职权相互制衡的前提下，客观、公正、专业地开展公司治理，对股东会负责，为股东创造价值。

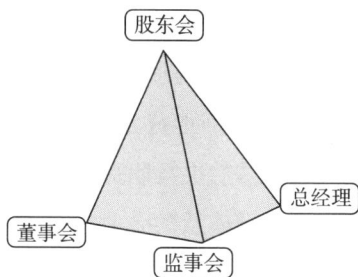

图 8-3 治理结构的标准模型

三、企业内部管理架构设置

组织架构是一个很重要的管理工具。比如企业制定了一个规划，完成规划的相关工作该由谁去完成呢？架构的设计以及相关部门的职责范围划分直接决定了人的工作行为。组织架构反映了企业的战略变化，是企业战略计划实现的组织保障。做架构的目的是实现中短期规划目标，如果规划变了，架构也会随之而变，没有一成不变的架构，也没有一步到位的组织模型。

一个纯贸易型的企业一定没有生产车间；一个只做代工的生产企业不需要设置专门的技术研发部门；一个打算由线下传统销售转型网络线上销售的企业，一定需要配置网络销售部门及相关技术人员。

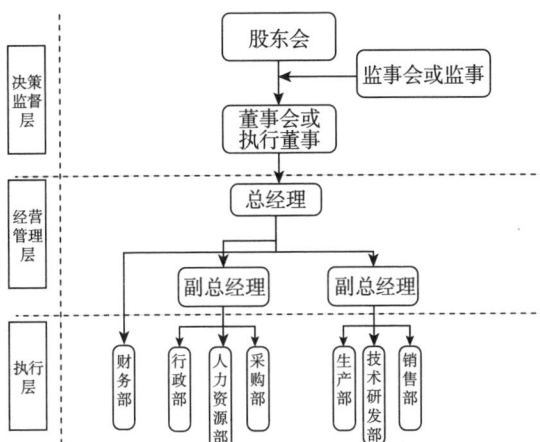

图 8-4　某企业的组织架构图示例

1. 组织架构的意义

　　企业要加强组织的执行力，来保障目标的实现。组织架构的意义在于把企业各种工作分拆给各个不同部门承担，部门内的工作又再分拆给部门成员来承担，同时考虑各个部门之间的沟通、协作关系。组织执行力的强与弱，不仅与员工素质的高低相关，也与工作流程及组织架构是否合理相关。企业组织架构能反映决策权与执行权的划分、上下级关系，体现各部门的分工协作关系。没有组织架构的企业是一盘散沙，组织架构不合理也会严重阻碍企业的正常运作。

　　组织部门设置臃肿，或者缺少必要的管理部门，或者部门间岗位职责界定混乱不清晰等问题，都可能会造成工作效率降低、部门间互相推诿、互相掣肘、内耗严重等管理问题。

我们需要在工作中利用组织架构，执行与落实它，让它帮助企业实现工作目标，而不是画出架构图，做成展板挂在墙上，成为一个摆设。

2. 企业组织架构的类型

有职能型、直线型、矩阵型、事业部制，等等。没有一套固定适合自己企业的现成的模板，企业需要根据自己的实际经营状况合理建立组织架构，明晰授权关系、管理权限和岗位职责。

2.1 组织架构图

确定组织架构之后，需要把企业内部的组织结构图画出来，如图8-4，它能够反映组织内各部门关系、岗位上下级关系、平行等级关系、左右链接关系等。

2.2 组织架构图的作用

（1）可以显示部门职能划分，明确在企业目标实现的过程中必须配备的职能部门。

（2）可以知道其权利、职责是否适当，从而定岗定责，确定绩效考核的基础。

（3）可以看出机构设置或人员配置是否臃肿或缺失。

（4）根据岗位设置，进行企业人才盘点，从而培养、提拔或者招聘、解聘相关岗位人员。

（5）可以让员工看到自己目前在公司所处的位置，从而看清自己的晋升通道，为员工职业晋升指明方向。

（6）还有很重要的一点，它也是财务核算和管控工作的一个基础。内部财务报表是按企业管理需求设置的，而管理需求是基于业务的开展。业务开展模式确定之后就是部门设置与支持，财务部需要根据按业务配置的部门或项目的划分进行账务的明细核算，进而分析部门或项目的收入、费用、成本等。如果无法确定核算规则，财务部就无法提供准确的报表与数据分析。

3. 组织架构与流程的相互作用

流程是工作的接力赛，是跨部门的工作流转过程。销售部门售货，会涉及销售开单、财务审核记账、仓库发货、财务收款等工作流程。以销定产（购）、不备库存的企业，其销售流程同时也包括了采购流程，工作流转到某一部门后就会由某个具体的岗位人员来负责相应的工作。工作流程的梳理带来了效率的提升和风险的防范，但因为工作流程涉及多部门、多岗位，所以依据流程确定部门内的工作职责分工非常重要，否则会造成互相推诿、推卸责任等问题。

第 35 讲　让会计发挥作用的前提③：
正确认识会计、出纳和仓管，建立资金管理制度

一、会计

会计，又称会计员、会计人员。在日常生活习惯中，大家习惯简称为"会计"，是一个岗位的代称。他（她）是用复式记账方法记录资金的运动状态，行使核算与监督职责，登记账簿、出具报表的那个人。很多小企业的财务部只设置一名会计岗和一名出纳岗，那么会计就是财务部的"统领"。

对于业务复杂、财务工作较多的企业，财务部可设置多个会计岗位。比如财务经理，下辖总账会计、往来会计、费用会计、成本会计、融资会计等不同岗位，不同岗位负责不同的工作内容：总账会计负责整体账务的把控与审核、报表的出具、税费的清缴与计算；往来会计负责应收货款与应付货款的统计，出具欠款明细表，与业务人员一起催收款项等；成本会计负责各种生产成本，如人工工资、原材料成本、辅助材料的耗用、机器设备的折旧分摊，分产品或分订单进行成本的计算与统计等工作。

二、出纳

"出纳"是"付出和纳入资金"的简称。在日常工作中，我们所说的出纳，是指管理资金收付并登记资金序时账的人员，他们是负责具体资金管理的。出纳员不一定是一个人，根据企业规模的大小，可以设置一个或多个出纳，比如有些收付款都较频繁的企业，会设置收款出纳和付款出纳。

除了资金支付工作，出纳还可以负责相关收款凭证或付款凭证的制作，进行合同管理与登记，以及其他相关辅助性工作。当然，具体做哪些工作，依然要根据企业的实际情况以及工作量、工作属性进行职责分工。

会计和出纳到底是什么关系？一般来说，会计记账并监督出纳。会计审核票据并记账，出纳按审核单付款。但在很多中小型企业中，出纳岗位是由"皇亲国戚"甚至老板娘亲自担任的，这时会计在行使监督权利时就比较尴尬了，甚至于会计要听从出纳的命令和指挥记账，从而造成企业资金管理的混乱。实际上会计怎么记账、什么时候记账、依据什么记账，是应该按照工作流程和业务本质、原始凭证等去及时记录的，而非听命于其他人员或老板娘的指挥。

还有的企业会出现工作错位的情况：出纳做了本该属于会计的工作，如报表出具、欠款催收、客户或供货商货款统计与对账等，会计人员反倒成了摆设——这都是不正常的会计管理情形。

三、仓管

仓管，一般指仓库保管员，即负责仓库里的货物收、发、存管理，并登记仓库货物序时账的人员。根据企业的经营情况，仓库保管员也可以设置多个。

出纳和仓管，这两个岗位都很重要。资金管理的重要性不需要再多讲，货物也是钱买来的，货物的管理也同样重要。合格的保管员不仅要管住货物不丢失，更重要的是能够在仓库安全、电脑操作、货物堆放、成本节约、数据分析、物料计划等方面发挥作用。

小黑："我看有些人就认为仓库不重要，觉得随便找个老头看仓库就行了。"

小白："是啊。不重视仓库管理，就会造成很多库存货物的损失。"

小黑："只要尽心尽责看管好仓库，一般情况下货物是不会丢失的。"

小白："货物的损失，可不一定仅仅是丢失的损失。缺货造成生产计划完不成、购入货物过多造成仓储成本增加和资金占压成本过高、成本管控不好造成材料浪费等，这些也是存货管理的损失啊！"

四、不相容岗位分离

不相容岗位分离，指的是在工作中可能发生错误和舞弊行为，但又有权力掩盖其错误和弊端行为的职务必须分开，由不同的人来行使，以减少错误和舞弊行为的发生。

出纳员和会计员两个岗位就是不相容岗位。会计员可以兼职会计和行政工作，但不能兼职会计和出纳工作，因为又管钱、又记账，谁来审核资金收付的真实性呢？同理，采购员和验收保管员也不能由同一个人兼职，自己采买自己验收，谁来复核采购物品的真实性呢？

有些规模较大的企业还会专门设置审计部，来检查财务会计部可能存在的包括舞弊、贪污、受贿、违反公司财务报销制度等在内的各种隐藏的财务风险。

五、出纳和保管的工作内容与会计工作内容的关系

不管是保管员登记的货物序时账，还是出纳员登记的资金序时账，采用的都是单式记账法，即只管钱或物的收发。至于钱从哪来花到哪去，货从哪来又用到哪去，这些需要由会计员来进行复式记账，同时需要会计员定期对资金和货物进行实际盘点，确认它们的真实性和准确性。

不管是出纳管理的资金账还是保管员管理的货物账，会计

都需要用复式记账法再记录一遍。

六、出纳记的资金序时账

　　企业的资金基本可以分为两类：一类是放在保险柜里的钱，一类是存在银行账户里的钱。所以，资金序时账也包括两个：一个是"库存现金"的流水账；一个是"银行存款"的流水账。当然，现在微信、支付宝使用频繁的企业，也可以设置一个"微信或支付宝"的流水账。

　　资金流水账原则上按日逐笔登记，每日需要结出资金的收、付、余明细。企业可以采用表8-1记账，然后利用表格自带的公式获取不同账户的收支明细。

表 8-1 资金序时账模版

所属月份	日期	账户名称	摘要	收入额	钱打哪来的	支出额	钱花哪去了	余额
			上月余额					321800
2023 年 2 月	2 月 2 日	农行卡	借入×××资金	100,000.00	借款			421800
2023 年 2 月	2 月 2 日	浦发基本户	收到投资款	500,000.00	股东投入			921800
2023 年 2 月	2 月 2 日	中信卡	收到×××付货款	25,000.00	销售额			946800
2023 年 2 月	2 月 3 日	农行卡	发 1 月工资			50,000.00	发工资	896800
2023 年 2 月	2 月 4 日	浦发基本户	支付水电费			3,000.00	日常费用	893800
2023 年 2 月	2 月 5 日	浦发基本户	支付快递费			350.00	日常费用	893450
2023 年 2 月	2 月 6 日	浦发基本户	支付××货款			350,000.00	购货款	543450
2023 年 2 月	2 月 7 日	中信卡	报销招待费			3,400.00	日常费用	540050
2023 年 2 月	2 月 8 日	农行卡	支付办公用品			1,350.00	日常费用	538700
2023 年 2 月	2 月 9 日	浦发基本户	收到×××付货款	137,800.00	销售额			676500
2023 年 2 月	2 月 10 日	中信卡	收到×××付货款	24,500.00	销售额			701000
2023 年 2 月	2 月 10 日	浦发基本户	购汽车一辆			125000	固定资产	576000

七、一般小企业原始凭证传递的顺序

有了出纳和会计岗的设置，就有了工作职责的区分：经手人收集原始凭证并填写付款申请单据，出纳依审核过的原始凭证付款，会计依据付款后的原始凭证记账并保管原始凭证。

1. 经手人先垫付款后持费用票据去出纳处报销的

（1）经手人采买物资并付款

（2）取得销货方的销货清单和发票

（3）粘贴原始凭证——销货清单或发票

（4）汇总填写费用报销单

（5）部门经理签字（根据审批授权）

（6）会计审核

（7）老板或被授权人审批签字

（8）出纳付款

（9）付款后，出纳依据原始凭证登记资金序时账（单式记账）

（10）出纳将登完资金账的原始票据转会计

（11）会计进行复式记账，填写记账凭证并保管原始凭证

2. 经手人先申请支付货款，后取得发票等原始凭证单据的

（1）经手人填写预先付款申请单

（2）部门经理签字（根据审批授权）

（3）会计审核

（4）老板或被授权人审批签字

（5）出纳付款

（6）付款后，出纳依据付款凭单登记资金序时账（单式记账）

（7）登记完资金账的申请支付单转会计

（8）会计进行复式记账，填写记账凭证，记录预付货款

（9）收到费用单据，如发票、销货清单等原始凭证后，交会计记账，冲减预付货款。

八、资金管理制度

企业应建立资金管理制度：为满足不同客户的付款需求，企业会开设多个账户收款，但对外最好只用某个或某几个付款，以便于内部资金管理；一定不能坐支资金，收到的营业款必须先存入指定收款账户，使用时再从付款账户付出；有多个门店或分公司和子公司的集团化企业，可以加强总部资金管控力度，分公司和子公司收取的营业款全部交存总部，用款时执行预算申请制度，分公司和子公司在月初预计当月资金使用额度，由总部拨付分公司和子公司账户使用；资金定期盘点，银行预留印鉴和 U 盾分开，由不同的人保管；严禁公款私存；严禁个人账户与企业账户混用，等等。

第36讲 五个关键点，记好企业的账

对于一家企业来说，在成立之初，它的第一笔资产往往是收到股东的货币投资或实物资产投资。实物资产投资要评估其价值，需要评估的按评估价入账，需要过户的，如汽车、房产等，则要过户到企业名下。对股东来说，把钱或物投入到企业后，这笔钱或实物资产就跟他本人无关了，属于企业的资产，要按照国家会计制度和企业财务制度来使用它。

小黑："你说什么？如果咱们开了公司投了资，这笔钱就跟我们无关了吗？这笔钱不是我们投的吗？"

小白："是我们投资的，但是如果我们设立了公司，这些钱就属于公司的财产。你投资后所拥有的就是获得了股东权利。"

小黑："什么是股东权利？"

小白："股东权利包括：出席或委托代理人出席股东会，行使表决权，拥有公司高级管理人员的选举权和被选举权、公司财务知情权、公司利润分配权、公司解散时剩余财产分配权依据投资额获取公司利润的分红权……"

小黑："有些老板可不管这些，他会随时指示出纳把款转到自己个人卡上。"

小白："是啊，但这样做可能是违法的。公司成立后，公司就是一个独立的会计主体，股东本人也是一个会计主体，两者在经济上应该有严格的区分，从企业公共账户里花出的每一笔钱，都应该办理相关的财务审批手续。"

企业是一个独立的会计主体，需要单独对其资产、负债、收入、费用、利润等进行统计。作为老板，一定不能把企业看成是自己一个人的，把个人账户和企业的账户混在一起，不分彼此。这样做即使不涉及其他违法行为，也是不利于会计核算的。

接下来，我们明确一下企业把账记好的五个关键点。

一、明确账务核算的基本要求

1. 对内及时、准确、完整，能够为财务管理的降本增效提供基础数据分析

对企业内部来说，财务核算数据必须客观、准确、完整、及时，能够真实地反映企业的经营现状。只有掌握准确的数据，财务分析才有意义。

2. 对外安全规范，在税收、金融、吸收投资等方面符合要求

从履行税收义务的角度来说，要做到安全管理，税收核算要准确，不能因错账漏税等给企业埋下税收风险；从对外货款结算和销售款收取的角度来说，不能因授信政策的失控或责任

感的缺失给企业造成坏账、错账，从而造成坏账损失或资金安全风险；对于需要融资的企业来说，财务数据要考虑贷款指标要求、投资人偏好等；对于未来计划上市的企业来说，完善的原始凭证，合理的业务流程，适当的记账方法，都决定了能否通过财务数据的基础审核。

所以，账务核算准确、完整是实施良好财务管理的第一步。

二、确保账务记录的合法性、完整性

要想账算得准，企业老板首先要改变过去的思维和认知，不把家庭和个人收支与企业收支混淆在一起，一定要有这样的认识：企业财产是企业的，个人财产是个人的。

1. 公私分家

企业资产是企业的，资产是，欠债是，利润也是。个人资产是个人的，个人的钱，不能不履行任何手续就把个人的钱转入企业账户中；个人缺钱用，也不能随意把公司的钱转入个人账户，转款要有合理、合法的理由和原始凭证的支撑。

在企业的实际经营中难免会产生资金短缺的问题，而老板也承担了最大的筹资人的角色——从自己家里拿钱投入企业使用。如果有这样的情况，一定要履行法定的手续：属于追加的投资款，公司要给开收据，出具"出资证明书"；出资超出原来的注册资金的，要修改公司章程去办理增资手续；属于借给企业的流动资金，公司要跟老板个人签订借款协议，约定协议内容、还款时间等，还款时也需要按照公司财务管理制度的规定流程偿还款项。

会计人员也要清楚这一点，任何一笔资金的收支或债权债务的增减都必须有原始凭证作为证明，要用复式记账法记账，确保各个科目都有完整的账务记录。

2. 配备合格的财务人员

老板具备财务思维很重要，但是老板本人不可能亲自去做具体的会计工作，做具体财务工作的是财务人员，所以财务人员的业务素质高低，决定了企业财务工作的好坏。

不同规模的企业、不同的业务开展模式、不同的生产工艺流程等都决定了财务工作的复杂程度，企业要依据不同的发展阶段、规模、业务开展情况去配备合适的会计人员，这样才能支撑企业的财务工作正常开展。

三、招聘合格的财务人员

我们国家的会计职称考试制度是比较完备的，国家规定也要求会计从业人员必须取得相关职称证书。从业人员取得的各种证书在一定程度上证明了会计人员对会计理论的掌握程度。

但仅掌握了会计基础理论知识，依然不能成为一名好会计。会计从业人员还需要掌握经济法、税法、成本核算、财务管理等知识，具备财务管理思维。企业要招聘到一名好会计，会计从业人员要成长为一名好会计，还要看会计人员的实操能力和工作经验。训练场上枪打得再准，也必须经历真正战场上的历练，才能成为一名真正的战士。

我们可以从四个方面来考评财务人员。

1. 个人品质和职业道德优秀

财务工作是从事经济事项管理的工作，财务人员往往掌握企业许多核心数据和机密，所以良好的个人品质对企业来说非常重要，是聘用财务人员的前提。

职业道德决定了工作态度是否认真、负责，是否能在工作职责内坚持原则。

2. 理论水平高，实操能力强

会计人员的理论水平，来自系统的财务知识体系学习。学习的证明就是"考证"，初级会计师证、中级会计师证、税务师证、注册会计师证等。会计人员不仅要学习会计知识，还要学习税收法律知识和公司法、合同法、劳动法等方面的经济法律知识。从事经济管理工作，这些都是必备的知识。

实操能力，不仅从工作经验中得来，还靠个人"悟性"得来。3—5年的工作经验，从事2—3个不同行业的工作，可能会让会计人员具备基本的工作经验，但工作年限不等于工作经验，有些会计人员虽然有一定的工作年限，却不一定有多少工作经验。工作经验是从日常的工作中不断深入了解企业业务，不断思考改善财务管理现状并把自己的想法付诸实践，从而提升企业财务管理水平中总结出来的。这就要求财务人员要勤动手、好学习、爱思考、善总结、勇于实践。

3. 踏实肯干、好学巧干

主观意愿度高，是做好任何一项工作的基本。但如果只会苦干，不会巧干，那就只会有苦劳而没有功劳。人们都愿意为功劳支付报酬，却不太愿意为苦劳买单。

会计人员要提升自己的技术水平。不仅要懂基本的会计、法律理论，还要了解企业的业务流程，甚至要参与重建业务流程的工作，学会灵活运用财务软件、各种办公软件或企业的 ERP 系统。会计人员的工作涉及很多数据统计，所以也要熟练运用 Excel 软件。Excel 的使用对于会计人员特别重要，表格中的函数使用得好，会节约工作时间，提升工作效率，提高数据的准确度。建议财务人员要熟练掌握数据透视表的使用，对 VLookUP、IF、SUMIF、SUMIFS、DATEIF、MID、ROUND、MATCH 等常用函数要做到熟练运用。除此之外，会计人员还要有良好的语言文字功底，拟订财务管理制度、出台相关财务文件都可以轻松驾驭。愿意做、爱学习、用巧劲，这是成为一名好会计的三大法宝。

4. 情商高，会沟通，爱沟通

任何工作，都免不了与人打交道。作为财务人员，更免不了与公司其他相关部门沟通。很多人一提到财务人员，印象都是刻板、固执、摆脸色、难说话等。财务工作有必须坚守的原则，但同时我们也要知道，财务工作是服务于企业业务的，财务人员要有服务意识，不能高高在上，冷脸对人。同时，财务人员也要牢记自己的核算与监督职责，对于违背财务管理制度和税收管理、风险管理等方面的不合理要求，一定要说"不"。

对于非财务人员来说，因为不懂财务规则，不懂税法、公司法、合同法等方面的法律规范要求，有时会对财务人员提出的要求不理解，从而认为财务人员死板、难沟通、故意刁难等，这就需要财务人员要做好解释工作。解释不能只是一个一个地去沟通，而要开展培训式沟通，集中定期宣导、讲述财务要求、工作流程，做成培训PPT、相关表格，甚至手把手演示教会相关人员。做到这一点后，相信都能够得到其他部门人员的认可，从而主动配合财务工作。

另一方面，财务人员也要经常站在其他人员，如销售、生产、采购人员等的角度去考虑问题，简化、优化财务流程，让财务更好地服务于业务的开展，从而在规范性与效率化之间求得平衡，化解内部矛盾，为客户提供更高的价值服务。

除了对内沟通，财务人员还需要对外沟通。如面对供货商、客户、工商、税务、银行、政府相关部门等，财务人员都要掌握合适的沟通方法，达成企业的预期目标。

四、让财务人员与企业高管一起，搭建自己企业的财务架构，建立各项财务制度

1. 根据企业的实际情况，搭建财务部管理架构，配备相应的财务岗位

财务部的架构明确了上下级关系及责任人，确定了所需配

备的各个工作岗位。

2. 梳理财务工作内容，做好各岗位职责分工

合适的人要放到合适的岗位上，重要的岗位一定要安排重要的人。

生产型企业必须设立一个成本会计岗位，而往来款项多、对账频繁的企业可能要专设一个应收应付会计；集团化企业可能需要建立财务中心，配备财务总监及不同职责的财务经理；开发票工作繁重的企业可能还需要有专门的开票员；业务简单、规模较小的企业可能只需要两名财务人员——1名会计员和1名出纳员，并且他们可能还需要兼职行政、人力等部门工作。

没有一种固定的财务架构适合自己的企业，我们不能去照搬其他企业的财务管理架构，而要结合自己企业的情况去制定架构、配备各岗位人员并梳理各岗位人员的工作职责，以确保每项工作都能落实到人，每人都能做到各司其职。

3. 梳理和优化企业的各种业务流程，制订相应的财务管理制度

运输车辆多的企业，可能需要燃油费、修理费、车公里油耗等统计表，制订车辆管理制度；会议服务公司，需要会务流程和会务费标准，制订相应的财务管控制度；贸易型公司，需要货物采购与销售发货流程，制订存货管理制度；生产型公司，需要生产成本的核算，制订原材料的收发存管理制度；应收款项多的公司，需要制订客户授信管理制度，欠款催收与业务员绩效挂钩制度……

制度要"必需""简化",不能为了制定而制定,看起来全面复杂的制度,在执行时却大打折扣,这样的制度制定就没有意义了。

4. 建立财务核算制度,制订账务核算标准

企业对外报表的更多要求是遵循会计准则,要求总账的完整准确,而企业对内的管理报表更多要求的是符合实际情况,要求各种明细账的准确。

向税务局报送报表,税务局更关注的是企业总的营业额是多少,应交税款的总数是多少,员工工资总额是多少,应交个人所得税是多少……而企业内部的报表使用者不仅要清楚总的营业额是多少,还要了解 A、B、C 三种产品的营业额分别是多少;如果企业有两个不同的销售团队,还要了解这三种产品的营业额中,哪个团队销售额做得高……

报表的外部使用人看"应收账款"的总数,以判断应收账款的总周转率,查看企业的现金流情况;而企业内部的管理者不仅要关注应收账款总数,还要关注具体的客户欠款情况、欠款金额和欠款时间,以确保不产生坏账。

分析业务,确定内部管理报表的格式和类别;依据内部管理报表的要求,设置适合自己企业的会计科目体系,确定一级科目有哪些,二级科目怎么设置,哪些科目使用辅助核算更有助于账务清晰简便,能让出具的管理报表更为清晰便捷;确定简便的记账方式,节约工作时间,提高工作效率;把企业一般性的、特殊的、复杂的业务梳理后形成"记账说明书",让新手

财务人员能够一看就明白企业的记账规则……这些都需要会计人员具备足够丰富的理论和实操经验。

五、选用合适的财务软件

随着会计电算化的发展，很少有企业再使用手工记账，而代之以财务软件记账，但这并不意味着随便一款财务软件就适合自己的企业使用。

生产型企业一定要购买有生产核算、存货管理流程的财务软件，还要考虑是简单加工还是多工序复杂工艺、仓库管理人员配备等情况；商贸版的软件只适合商品流通企业使用；服务类企业没有存货管理需求的，不需要库存管理模块；固定资产品类繁多的需要固定资产管理模块……

不同的软件侧重的技术板块不同，有的软件刚开始研发时侧重于仓库管理，仓库管理模块就做得比较成熟稳定；有的软件研发初始就侧重于账务处理，那账务核算就考虑得比较全面。建议购买财务软件之前，请专业的、有大量实践经验的人对本企业的业务情况加以了解，给出建议。否则，随便购买的软件并不一定适合本企业，最后又弃之不用，从而造成浪费。我曾见过一个同时使用三套管理软件和一套弃之不用的软件的公司，不仅花费多，还导致员工必须在不同的软件间切换操作（输入数据或提取数据），结果工作衔接不畅、效率低下，员工颇有怨言。

第37讲 附录1：企业类型与相应的税收负担

一、究竟什么是企业

企业指以营利为目的，运用各种生产资源，向市场提供商品或服务，实行自主经营、自负盈亏、独立核算的经济组织。企业一般有以下几种形式：公司制企业和非公司制企业。

公司制企业，指依据《中华人民共和国公司法》设立的企业形式，它符合公司法的要求，包括有限责任公司和股份有限公司，我们把它的出资人称为"股东"。公司的股东依据出资额为限对公司的债务承担有限责任，股东可以是自然人，也可以是法人或其他非公司制企业。

有限责任公司又包括一人有限责任公司和多人有限责任公司，即股东是一个人还是多个人。非公司制企业包括合伙制企业和个人独资企业，它们的出资人对企业的债务承担无限责任。

合伙制企业包括普通合伙企业和有限合伙企业，它是指依据《中华人民共和国合伙企业法》设立的企业形式。我们把它的投资人称为"合伙人"。既然是合伙，也就意味着出资人有2人以上。

个人独资企业，故名思义，投资人只有一个自然人，它是依据《中华人民共和国个人独资企业法》设立的企业形式。

无论是公司制企业还是非公司制企业都可以转让自己的财产、设立分机构和子机构、变更合伙人或股东姓名、出售股权、进行股权转让、增资扩股，也可以作为股东出资设立其他类型的企业。

个体工商户是非企业组织，它一般不能转让，不能设立分机构和子机构，不能增资扩股。它是依据《个体工商户条例》设立的，经营主体是自然人个人。

表 8-2 企业类型

类型	设立法律依据	承担法律责任	增值税	所得税
一、公司制企业				
有限责任公司或有限公司	《公司法》	有限责任	按营业额缴纳，可分为一般纳税人和小规模纳税人	依据公司利润缴纳企业所得税，如果自然人股东从公司取得税后利润分红，股东个人还需要按分红额缴纳个人所得税
股份有限公司		有限责任		
二、非公司制企业				
合伙企业	《合伙企业法》	合伙人之间互相承担无限连带责任	按营业额交纳，可分为一般纳税人和小规模纳税人	不交企业所得税，仅依据企业利润缴纳经营个人所得税
个人独资企业	《个人独资企业法》	无限责任		

类型	设立法律依据	承担法律责任	增值税	所得税
三、自然人经营需要取得营业执照				
个体工商户	《个体工商户管理条例》	无限责任	按营业额缴纳，可分为一般纳税人和小规模纳税人	仅依据利润缴纳个人所得税

小黑："小白，看了这张表，我觉得我们也该注册一家公司。咱现在连个营业执照也没有，以后怎么把生意做大啊?"

小白："好啊，咱们确实该设立公司了。取得营业执照，成为正规经营的企业。你记得再去买一套空白账本啊，我们得用新账本重新记账了。"

小黑："为什么要用新的啊，我们原来的老账本还有好多空白页没用完呢。你不是说账要连续记录吗?"

小白："会计主体不同了，原来那个账本记的是'美味蛋生意'的账，以后咱们成立了公司，要记'美味蛋公司'的账。不同的会计主体，账本可不能弄混了。"

二、不同的企业类型承担不同的法律责任

有限责任公司和股份有限公司股东对公司的债务承担有限责任，而合伙企业的普通合伙人、个人独资企业的投资人、个体工商户的所有者对其债务承担无限责任。其中，普通合伙人

之间对债务承担无限连带责任。

有限责任以股东认缴的出资额为限，对公司的债务承担有限责任。

【例8-4】某公司股东为张林和李亮，他们的股份比为70：30，注册资金100万元，但公司股东实际投资只有30万元。其中，张三实际出资20万元，李四实际出资10万元。后来，企业因经营不善造成严重亏损即将破产，但公司尚有未归还的负债500万元，现有非现金资产变现后最多只能收回200万元。

因为公司是一个独立法人，需要以自己的所有资产清偿所有负债，所以股东个人不需要对公司债务再承担责任。但因为股东没有全部履行出资义务，所以张林需要补缴出资额50万元，达到他的认缴出资额70万元；李亮需要补缴出资额20万元，达到他的认缴出资额30万元。他们的补缴出资共计70万元，投入公司后，将用于偿还负债。还完后，剩余无法偿还的230万元，股东不需要再承担责任。

小黑问道："股东不再承担责任，那无法偿还的230万元呢？怎么办？"

小白回答说："那230万元的负债是公司欠的，公司是一个独立承担法律责任的机构，公司还不了，可以与债权人达到债务和解、债务重组等协议。如果达不成，公司就需要破产清算了！"

小黑："那破产后清算也还不了呢？"

小白："还不了就没有办法了，债权人只能自认倒霉了。"

但如果是承担无限责任的企业欠了债，比如合伙企业或个人独资企业，其出资人则必须以其个人财产或家庭财产清偿全部负债 500 万元，普通合伙人之间承担无限连带责任。

三、自然人和法人

1. 自然人

自然人即公民个人，指从出生起至死亡时止，具有民事能力、享有民事权利、承担民事义务的人。

2. 法人

法人不是一个"人"，它是一个"组织"，指具有民事权利和民事行为能力，依法独立享有民事权利和承担民事义务的组织。目前我国的法人包括公司法人（也叫企业法人）、机关法人、事业法人、社会团体法人等。

因为法人不是"人"，所以它的权利义务履行一定需要一个代表，而这个代表就是一个自然人。写在企业营业执照上法定代表人栏上的自然人名字，是为法律规定的企业代表人。

四、母公司和子公司

小黑："小白，什么叫'母子公司'啊？"

　　小白："看图8-5，郭靖和黄蓉两个自然人出资成立了'桃花岛'公司，'桃花岛'公司的股东就是郭靖和黄蓉两个自然人。然后，'桃花岛'公司和郭靖又出资成立了'降龙十八掌'公司，那么它的股东就是法人'桃花岛'公司和自然人郭靖，降龙十八掌公司就是'桃花岛'公司的子公司。但因为它的持股比例为80%，所以又叫作'控股子公司'。而'打狗棍'公司也是'桃花岛'公司的子公司，不过因为持股比例为100%，所以又叫作'全资子公司'。"

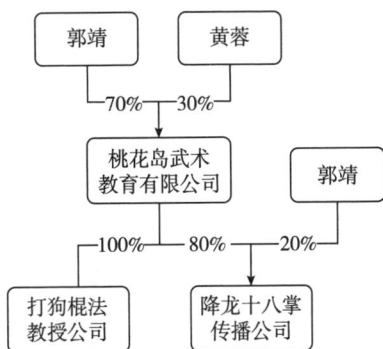

图8-5　母子公司示例图①

　　小黑："桃花岛公司是打狗棍公司的股东吗？"

　　小白："是的，公司是一个法人机构，它可以做另一个公司的股东，只要在市场监督管理局注册就可以了。我们把'桃花岛'公司称为'打狗棍'公司或者'降龙十八掌'公司的法人股东，把郭靖称为'降龙十八掌'公司的自然人股东。"

　　小黑："母公司对子公司承担什么责任啊？"

小白："有限责任啊！只要设立的是有限公司，就按公司法的规定承担责任。母公司也是按其认缴的出资额为限对子公司的债务承担有限责任。"

小黑："母子公司的名字必须有关联吗？"

小白："没有必要，可以完全不同，也可以字号相同，这个没有绝对的要求。只要在市场监督管理局注册登记时登记 B 公司的投资人是 A 公司就可以了，它们就是母子关系。此外，子公司和母公司的业务可以完全不同，也可以相同，法律上没有限制。"

五、总公司和分公司

小黑："那总公司和分公司又是什么关系？"

小白："看图 8-6，三个自然人股东投资了河南北方艺术有限公司，而该公司又设立了三个分支机构。这三个分支机构不是独立的法人，而是依附于总公司而存在的。分公司和总公司一起，构成了一个完整的大家庭公司。"

小黑："看着跟母子公司是有点儿不一样，但我还是不太明白。"

小白："我们可以这么比喻，分公司就像没有长大成人的孩子，还跟父母（总公司）绑定在一起，父母是他的监护人，他不会独立赚钱，没有自己的独立财产，负债也是总公司担着，就像父母带着一群永远独立不了的孩子。而母子关系的公司就

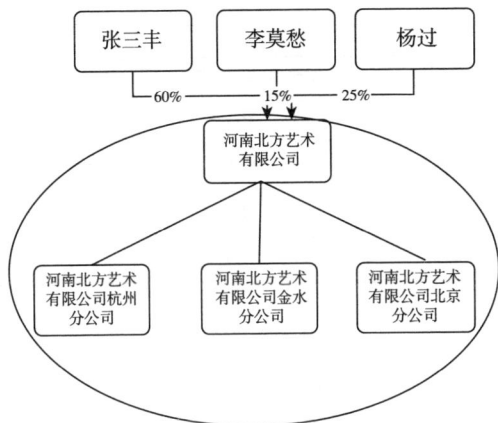

图 8-6　母子公司示例图②

像长大成人的孩子，跟父母（母公司）分家过，他们有自己的名称、财产、负债，父母对他们的责任仅限于认缴的出资额。"

小黑："嗯，有点儿明白了。那在设立公司时究竟应该选择母子关系还是总分关系呢？"

小白："这个需要具体情况具体分析。总公司和分公司之间的亏损可以互相弥补，母子关系则不行；总分公司可以用同一个资质，母子关系则不行。"

小黑："什么叫'亏损可以互相弥补'呢？"

小白："还是举例说明吧，请看表 8-3、表 8-4。"

表 8-3　母子公司关系　　　　　　（单元：万元）

公司名称	2023 年经营盈利额	所得税率	应交所得税
桃花岛武术教育有限公司	400	25%	100
降龙十八掌传播公司	500	25%	125
打狗棍法传授公司	−200	25%	0
集团公司合计	700		225

表 8-4　总分公司关系　　　　　　（单位：元）

公司名称	2023 年经营盈利额	所得税率	应交所得税
河南北方艺术有限公司	400	25%	
杭州分公司	500		
北京分公司	−200		
金水分公司	−300		
总分公司合并计算利润	400	25%	100

从表 8-3、表 8-4 可以看出，母子公司之间的亏损不可以互相弥补，公司与公司之间独立计算利润并交纳企业所得税；而总分公司之间的亏损可以互相弥补，总分公司是作为一个公司整体交纳税收的。

小黑："我明白了，看起来还是设立总分公司关系好。"

小白："我只是举例说明了一个方面的差异，并且是分公司有盈利有亏损的情况下哪个有利，但还有其他方面的因素考量，要是每个分公司都有盈利怎么办？还有，分公司的经营范围不得超越总公司的经营范围，它的经营范围可以跟总公司一样，也可以在总公司的经营范围中选择某一项或某几项。所以我们不能管中窥豹，以偏概全，究竟设立哪种类型的公司，要进行综合考虑才行。"

六、不同的企业类型，不同的税收负担

前面我们了解了不同的企业股东承担的法律责任不同，但不同的企业类型，承担的税负也不一样。

公司制企业依据其实现的利润额缴纳企业所得税，企业所得税名义税率为 25%，但目前国家有针对小型微利企业的税收优惠，年度利润不超过 300 万元的，实际所得税率为 2.5%~8.3%。

交完所得税后，如果自然人股东想要进行分红，把利润拿回家，需要再缴纳 20% 的个人所得税。双重税交完后，综合税负率为 22%~27%；如果年度利润超过 300 万元，双重税交完后，综合税负率为 40%。

合伙企业和个人独资企业、个体工商户因为投资人对企业债务承担无限责任，所以它们都不是一个独立的法人实体，不能够独立承担法律义务、享有民事权利。它们和自己的投资人是绑定在一起的，它取得的利润，就是投资人个人取得的利润，税法只针对其利润额征收个人所得税，而不征收企业所得税。

小黑："为什么公司交完企业所得税后，股东把收入拿回家要再交税？这不是重复征税了吗？"

小白："我们讲过，假设一个公司的股东是自然人，那他投资的公司就是一个法人，他们是两个完全不同的权利义务主体，资产独立，税收也独立。企业所得税是针对公司的利润征收的税，个人所得税是针对个人取得的收益征收的，公司交了税，是履行了公司义务，个人得到收益，也得履行个人义务，也得交税啊。"

小黑："到底设立什么样的企业类型有利于税收成本最低呢？"

小白："这需要从设立企业的目的、经营范围、供货商及客户的要求、行业的准入限制、税收环境、未来利润预测、未来战略发展规划等方面综合考量，必要时最好请专业人士给我们专业的建议。"

第38讲 附录2：设置有限责任公司的流程及要点

一、确认资料

这里，我简单介绍一下设立有限责任公司（也叫"有限公司"）需要的资料。

1. 核名，即公司名称核准

我们起的公司名称必须得到市场监督管理局的核准，不能跟他人重名，不能有歧义、误导或负面的含义。

2. 名称的标准

一般为：地域+字号+行业+公司性质，如北京市美丽人生美容有限公司。

其中，"美丽人生"是字号，"美容"是所属行业，"有限公司"是公司性质。当然，公司的名称叫"美容"，不代表企业就必须做美容行业，只要是企业注册的经营范围中包含的内容都可以经营。如果你看到一个名称里有"美容"字样的公司在做贸易或咨询服务，甚至运输服务，也不必大惊小怪。

3. 公司的经营范围

一般企业的主营业务放在前，辅营业务放在后，有些特殊的经营还需要前置许可或后置许可。

前置许可，即提前办理许可证才能领取营业执照。比如教育培训学校，必须先核准名称，再去申请办学许可证，取得许可证之后才能领取正式的营业执照。

后置许可，即先领取营业执照，但某些经营范围必须取得相关许可证后才能经营。比如烟酒公司可以先领营业执照，再去办理烟草专卖许可证；饭店可以先领取营业执照，再去办理食品卫生许可证。

4. 公司注册地址

注册地址要记载在营业执照上。公司的主要办事机构所在地为公司住所，要求主要办事机构同营业执照上的地址一致。如果地址是租的，要有租房合同；如果是自有的，要提供房产证明。

5. 公司注册资金

公司股东要有拟定的出资额，这个出资额会记录在营业执照上，它就是股东未来需要投入公司的资金总额。如果没有增资扩股，股东也不申请减少出资，这个数字是不会变化的。

注册资金和实际出资不是一回事。注册资金是计划的出资额，实际的出资额可以依据资金使用状况分期投入，具体的投入时间和金额需要遵照公司章程的协议约定。

6. 股东及股权

股东即未来公司资产的所有权人，它可以是某个自然人，也可以是某个法人、机构或其他企业。股东需要对公司出资，享有财产所有权、利润分配权、公司事务知情权等权利。但同时，公司的亏损也由其承担。

股东可以是一个人或一个机构，也可以是多人共同投资。股东涉及多人的，不同股东有不同的持股比例。一般情况下，股东依据自己的出资额占总出资额的比例享有股东权利，但实际上，股东之间也可以约定同股不同权。

7. 法定代表人

法定代表人是指依法能够代表公司行使民事权利的某个自然人。它可以是公司的股东，也可以不是股东，而是股东以外的其他人，他的名字会体现在营业执照上的。这个人选非常重要，因为他是"法定"的企业代表人，不需要任何人授权，即可以代表企业行使权力。

股东可以在章程中约定公司法定代表人的权力范围及赔偿责任。如果法定代表人超出其权力范围做出的某种行为对公司造成了损害，那么法定代表人需要承担相应的赔偿责任，但是公司不得以双方之间的约定对抗善意第三人。

8. 监事或监事会

监事，可以理解为"监察人员"。由于公司的股东众多、专业知识和能力差别大，并且股东不一定在公司任职，所以为了防止董事会、总经理等滥用职权，损害公司和股东利益，法律要求选出一个监督机关或监督人员，代表股东会行使监督职能。监督机关由2—3个监事人员组成，叫"监事会"；小规模的公司也可以只设置一个监督人员，叫"监事"。

9. 公司章程

公司章程是一个公司的纲领性文件，是公司的宪章。它依据《中华人民共和国公司法》制定，规定了公司名称、住所、经营范围、经营管理制度分红比例与决策权比例、董事长总经理的产生办法、股东分红比例与方式、公司什么情况下可以解散、股东什么情况下可以转让股份以及转让如何定价等所有重大事项的基本文件，也是公司必备的规定公司组织及活动基本规则的书面文件。

公司章程是股东共同一致的意思表示，要由所有股东共同签字才能成立，载明了公司组织和活动的基本准则。公司章程与公司法一道，共同肩负调整公司经营活动的责任。作为公司组织与行为的基本准则，公司章程对公司的成立及运营具有十分重要的意义，但有很多中小企业主因为不了解，所以忽视了公司章程的拟定，为企业以后的经营风险及股东矛盾埋下了隐患。

好，以上资料备齐，通过市场监督管理局的审查，就可以领取营业执照了。

二、领取营业执照后的工作

1. 刻制印章

印章一般包括公司公章、财务专用章、发票专用章、法定代表人个人名章。

2. 去银行开立存款账户

任何一个公司成立都需要以公司名义开立银行账户，以后企业的经营活动所取得或支付的资金都需要在银行账户中收支。企业可以开设多个银行账户，开设的第一个银行账户叫"基本存款账户"，它除了转账支付外，也可以从账户中提取现金；企业可以根据需要开设第二个、第三个账户，作为一般存款账户或专用存款账户。通常情况下，一般存款账户的收支只能转账而不能提取现金。

3. 去税务局备案公司名称和银行账户信息，领取发票

办税人员、企业法定代表人、财务负责人都需要在税务局实名认证。税务局将企业相关信息在税务系统中备案，登记企业纳税人身份（是一般纳税人，还是小规模纳税人），同时根据企业的行业性质核定企业应当缴纳的各种税种和税率，确定企业办理纳税申报的周期；企业根据自己的经营情况确定每月可能用到的发票数量和票面金额，向税务局提出用票申请，待税务局审批后领取发票。

4. 办理三方扣税款协议

即银行、税局、企业三方共同签订协议，允许税款从银行账户中划转。

所有手续办理完毕，公司就可以正式开始生产经营了。

5. 按月或按季进行纳税申报

企业在税务局登记备案后的次月，即开始履行纳税申报义

务。企业应据实向税务局申报企业的营业额、利润额、实发员工工资额并缴纳相应的税款。如果企业没有营业额或利润为负数，则不需要交纳税款，但依然要向税务局申报，填写零数据，进行零税款申报。

图书在版编目（CIP）数据

让财报说人话：老板财务必修课／白兰 著.—北京：东方出版社，2024.3
ISBN 978-7-5207-3771-5

Ⅰ.①让… Ⅱ.①白… Ⅲ.①会计报表—基本知识 Ⅳ.①F231.5

中国国家版本馆 CIP 数据核字（2023）第 229875 号

让财报说人话：老板财务必修课
（RANG CAIBAO SHUO RENHUA：LAOBAN CAIWU BIXIUKE）

作　　者：白　兰
责任编辑：吕媛媛
出　　版：东方出版社
发　　行：人民东方出版传媒有限公司
地　　址：北京市东城区朝阳门内大街 166 号
邮　　编：100010
印　　刷：北京联兴盛业印刷股份有限公司
版　　次：2024 年 3 月第 1 版
印　　次：2024 年 3 月第 1 次印刷
开　　本：880 毫米×1230 毫米　1/32
印　　张：12.25
字　　数：244 千字
书　　号：ISBN 978-7-5207-3771-5
定　　价：68.00 元
发行电话：（010）85924663　85924644　85924641